UNIVERSITÉ DE PARIS. — FACULTÉ DE DROIT

DE

L'OFFICE DU JUGE

EN MATIÈRE CIVILE CONTENTIEUSE

> Ainsi plusieurs se font juges et vivent
> et meurent juges sans savoir quel est ce
> ministère qu'ils ont entrepris.
>
> (DOMAT, *Harangue prononcée aux*
> *assises de 1674.*)

THÈSE POUR LE DOCTORAT

PAR

MARC LOUBERS

AVOCAT A LA COUR D'APPEL.

PARIS

LIBRAIRIE NOUVELLE DE DROIT ET DE JURISPRUDENCE

ARTHUR ROUSSEAU, ÉDITEUR

14, RUE SOUFFLOT ET RUE TOULLIER, 13

1897

THÈSE

POUR LE DOCTORAT

UNIVERSITÉ DE PARIS. — FACULTÉ DE DROIT

DE
L'OFFICE DU JUGE
EN MATIÈRE CIVILE CONTENTIEUSE

> Ainsi plusieurs se font juges et vivent
> et meurent juges sans savoir quel est ce
> ministère qu'ils ont entrepris.
>
> (Domat, *Harangue prononcée aux
> assises de 1674.*)

THÈSE POUR LE DOCTORAT

L'ACTE PUBLIC SUR LES MATIÈRES CI-APRÈS
Sera soutenu le lundi 24 Mai 1897, à 10 heures

PAR

Marc LOUBERS

AVOCAT A LA COUR D'APPEL

Président : M. GLASSON, *professeur.*

Suffragants : { MM. CHAVEGRIN, } *professeurs.*
{ CHÉNON, }

PARIS

LIBRAIRIE NOUVELLE DE DROIT ET DE JURISPRUDENCE

ARTHUR ROUSSEAU, ÉDITEUR

14, RUE SOUFFLOT ET RUE TOULLIER, 13

1897

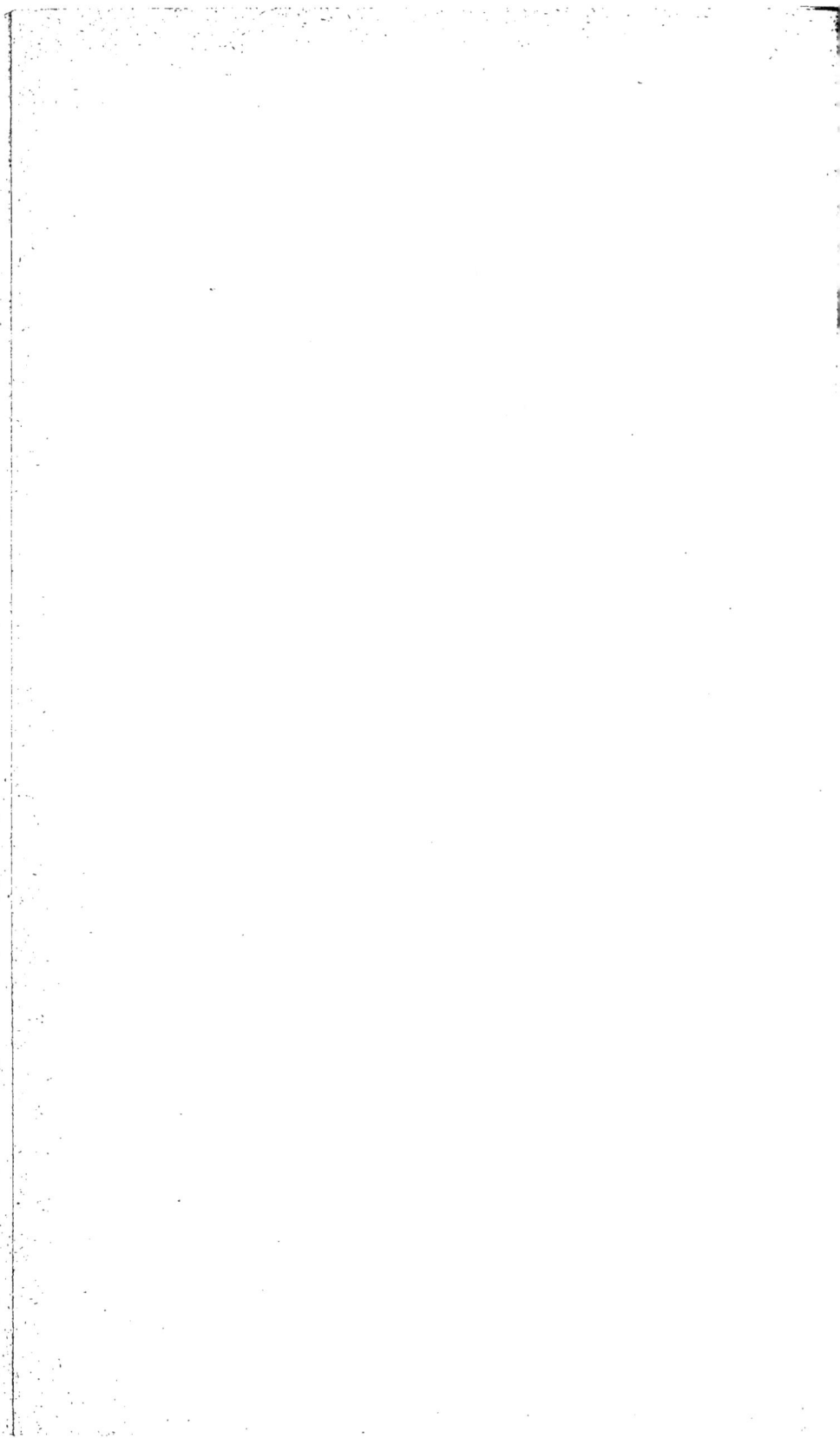

A MON PÈRE

A MA MÈRE

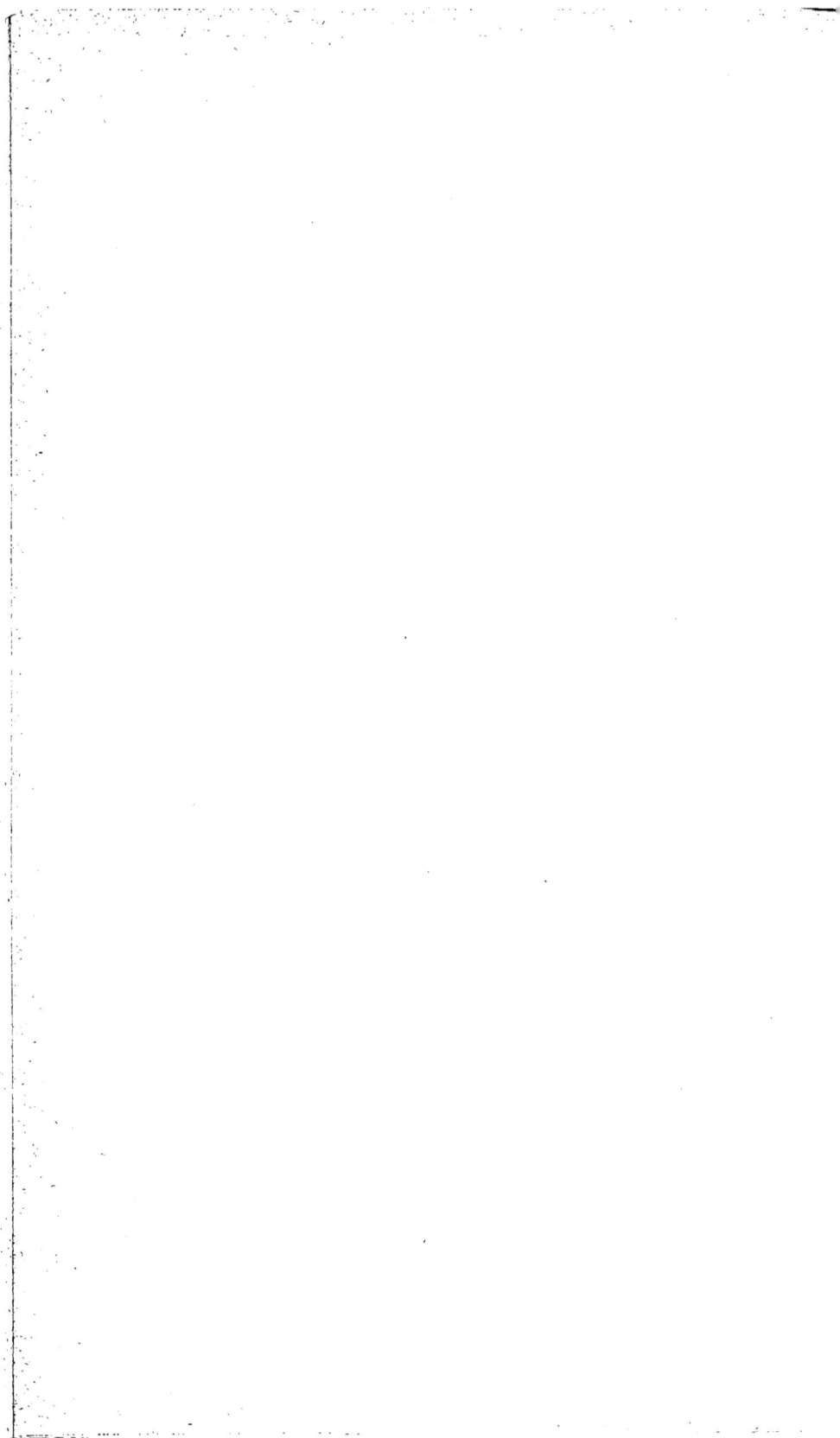

BIBLIOGRAPHIE

Accarias. — Précis de droit romain.

Aubry et Rau. — Cours de droit civil, 4e édition.

Baudry-Lacantinerie. — Précis de droit civil.

Bioche. — Dictionnaire de procédure civile et commerciale.

Bodin. — Les 6 livres de la *République*.

Boitard, Colmet-Daage et Glasson. — Leçons de procédure civile, 15e édition.

Boncenne. — Théorie de la procédure civile.

Bonnier. — Traité des preuves.

Carnot. — De l'instruction criminelle.

Carré. — Lois sur l'organisation et la compétence des juges civils.

Cicéron. — *De legibus et de Republica.* Edition Panckoucke, 1835.

Corpus juris civilis. — Galisset, 1878.

Cujas. — *Ad Codicem.*

Cuq. — Des institutions juridiques des Romains.

Dalloz. — Répertoire et Recueil périodique de jurisprudence.

Dantoine. — Les règles du droit civil, etc. Lyon, 1710.

Dard. — Traité des offices, édition de 1838.

Debelleyme. — Ordonnances de référés.

Demolombe. — Cours de Code Napoléon.

D'Espeïsses. — Œuvres. T. II, p. 542.

Devin (Georges). — Discours prononcé à l'ouverture de la Conférence du stage le 21 novembre 1896.

Domat. — Œuvres. Edition Durand, 1777.

Dupin. — Réquisitoires.

Encyclopédie du droit. — Vo Cour de Cassation.

Fenet. — Recueil complet des travaux préparatoires du Code civil.

Ferrière (de). — Dictionnaire de droit et de pratique.

Fœlix. — Traité de droit international privé.

Garsonnet. — Traité théorique et pratique de procédure.

Girard. — Textes de droit romain.

Glasson. — Au Cours de procédure civile.

Heineccius. — *Ad Pandectas.*

Henrion de Pansey. — De l'autorité judiciaire en France, édit. 1818.

Jousse. — Administration de la justice.

Krüg Basse. — De l'office du juge en matière civile. Cosse et Marchal, 1862.

La Bruyère. — Caractères. Edition Lefèvre, 1818.

Larombière. — Théorie et pratique des obligations.

Laurent. — Cours élémentaire de droit civil. Bruxelles, Paris, 1878.

Lepas (Alexandre). — De la notion de juridiction gracieuse en droit français. Arthur Rousseau, 1896.

Locré. — Esprit du Code de procédure.

Loyseau. — Traité des offices.

Loysel. — Institutes coutumières.

Marcadé. — Explication du Code Napoléon.

Massé. — Droit commercial.

Merlin. — Répertoire.

Meyer. — Institutions judiciaires.

Ortolan. — Explication historique des Instituts de Justinien.

Pigeau. — Procédure civile.

Poncet. — Des jugements.

Pothier. — Traité des obligations. Ed. Bugnet.

Roche Flavin (de la). — Les XIII livres des Parlements de France.

Rodière. — Exposition raisonnée des lois de la compétence, etc.

Rousseau de la Combe. — Dictionnaire théorique et pratique de procédure, etc.

Sourdat. — Traité de la responsabilité.

Tarbé. — Lois et règlements à l'usage de la Cour de Cassation.

Thrésor (le) de pratique pour les juges, advocats et procureurs. — Paris, 1556. Sans nom d'auteur.

Toullier. — Le droit civil français suivant l'ordre du Code.

Vinnius. — *Tractatus de jurisdictione et imperio.* Venise, 1736.

DE L'OFFICE DU JUGE

EN MATIÈRE CIVILE CONTENTIEUSE

INTRODUCTION

A la fin du IVᵉ livre de ses Instituts, Justinien a consacré à l'*officium judicis* un titre qui commence par ces mots : « *superest ut de officio judicis dispiciamus....* » ; reste à traiter de l'office du juge. Les auteurs de ce manuel juridique avaient compris que tout n'est pas dit quand on a exposé les principes du droit civil au quadruple point de vue des personnes et des choses, des obligations et des actions et qu'il reste quelque chose à ajouter.

Gens non seulement d'érudition mais d'expérience (1), les rédacteurs des Instituts savaient que le droit est par excellence une science d'application dont les théories sont destinées à se traduire, tôt ou tard, en résultats pratiques, sous forme de décisions ou de sentences.

Cette application du droit ne s'effectue point d'elle-même et toute seule ; elle demande un agent, un opérateur, si l'on peut ainsi parler, qui sache manier avec

---

(1) Quorum omnium *solertiam* et legum scientiam ex multis rerum argumentis accepimus. Inst. Pr. I, 3, Girard, p. 536.

dextérité les éléments essentiels de toute contestation juridique. Ces éléments sont les faits, source de tout droit ; les lois ou les textes, règles tracées par le législateur ; à défaut de textes, les principes, règles posées soit par la science doctrinale, soit par la jurisprudence ; enfin les usages qui ne sont que des lois tacites (1).

Cet agent, cet opérateur auquel aboutit toute controverse juridique, c'est le juge. Les moralistes eux-mêmes ne se sont jamais mépris sur l'importance de son rôle. Et pour ne citer que le plus original sinon le plus profond de tous, La Bruyère : « les hommes, disait-il, ont tant de peine à s'approcher sur les affaires, sont si épineux sur les moindres intérêts, si hérissés de difficultés, veulent si fort tromper et si peu être trompés, mettent si haut ce qui leur appartient et si bas ce qui appartient aux autres que je ne sais pas où et comment se peuvent conclure les mariages, les contrats, les acquisitions » (2).

La Bruyère le savait bien : uniquement parce qu'il y a des juges.

« Otez les passions, l'intérêt, l'injustice, disait-il encore (3), quel calme dans les grandes villes ! » Les passions, l'intérêt, l'injustice ce sont là toutes choses que l'on n'ôtera jamais des sociétés humaines puisqu'elles en constituent le fond, et néanmoins les plus grandes villes jouissent, aussi bien que les champs, d'un calme rarement troublé. A qui le doivent-elles ? Aux tribunaux, c'est-à-dire à des juges (4).

(1) Nam diuturni mores consensu utentium comprobati legem imitatur. Inst. Lib., 1, tit. II, § 9. Girard, op. cit., p. 539.
(2) *Les caractères*, Edit. Lefèvre, *De l'homme*, t. I, p. 400.
(3) *Ibid.*
(4) Les Royaumes sans bon ordre de justice ne peuvent avoir durée

Il semble donc que le législateur aurait dû prendre à tâche de faciliter leur mission. Cependant on ne trouve nulle part dans notre législation française, si riche pourtant en règlements de tout genre, un ensemble de dispositions réunies, comme dans la loi romaine, sous le titre : *De l'office du juge.*

Tandis que le Digeste et le Code, voire même les Instituts, contiennent à cet égard un grand nombre de textes systématiquement groupés, rien dans nos Codes n'indique que le législateur se soit spécialement préoccupé de tracer au juge les règles à suivre pour atteindre plus sûrement le but de son institution.

Dans le lit de justice tenu à Rouen le 17 août 1563 pour l'enregistrement de l'Édit portant déclaration de la majorité de Charles IX, le Chancelier de l'Hôpital s'exprimait ainsi :

« Je ne parlerai des préceptes qui enseignent la manière de bien juger car vous en avez les livres pleins, vous admonesterez seulement comment vous vous devez comporter en vos jugements, sans blâme, tenant la droite voie sans décliner à dextre ni à senestre.... »

Il ne saurait être question dans ce travail de préceptes sur la manière de bien juger, ni moins encore de ces devoirs moraux que l'illustre chancelier rappelait dans la suite de ce même discours aux magistrats de Rouen et qui ont été depuis si souvent proclamés. Nous ne comptons pas nous préoccuper davantage de ces prescriptions particulières que les anciennes ordonnances royales et la législation moderne ont multipliées pour tracer aux

ne fermeté aucune (Préambule de l'ordonnance de 1453 qui sert d'épigraphe au beau livre d'Henrion de Pansey intitulé : *De l'autorité judiciaire en France*, que nous aurons souvent à citer.

juges les règles de leur profession. Il ne s'agit ici que du rôle juridique du magistrat siégeant au tribunal, en un mot de l'*officium judicis* proprement dit, tel que le concevait le droit romain.

« Les obligations professionnelles du magistrat, dit M. Garsonnet (1), sont de deux sortes : les unes concernent la conduite générale de sa vie, les autres regardent plus particulièrement le magistrat sur le siège, c'est-à-dire dans l'exercice de ses fonctions.

« Les devoirs généraux du magistrat sont principalement la résidence, l'assiduité aux audiences et l'abstention de tout acte qui pourrait compromettre sa dignité ou enchaîner son indépendance. »

L'observation de ces devoirs est assurée par les règlements dont l'ensemble constitue ce que l'on appelle la discipline judiciaire, matière essentiellement distincte de celle que nous nous proposons de traiter, puisque nous voulons nous borner à étudier le rôle du magistrat uniquement considéré comme dispensateur de la justice.

Sa mission, en cette qualité, commence au moment où le juge entre au prétoire et finit quand il prononce sur le différend qui lui a été soumis. Mais si tout semble se résumer pour lui dans la double opération et le double devoir d'écouter avec attention et patience et de juger sans passion et avec discernement, on sait que dans ce double rôle d'auditeur et d'arbitre il a des initiatives à prendre, des mesures à prescrire, des écueils à éviter. Il peut commettre des erreurs, sinon des fautes volontaires, des inadvertances ou des oublis ; il peut se

---

(1) *Cours de procédure*, t. I, § LV, p. 221.

méprendre sur le caractère et l'étendue de ses attributions, sortir du cercle que la loi lui trace et statuer autrement qu'elle ne l'y autorise ; il peut même refuser
indûment de se prononcer, retenir mal à propos la connaissance du litige ou se dessaisir à contre-temps, rendre une sentence irrégulière ou incomplète, accorder
plus qu'on ne lui demande ou bien omettre de prononcer
sur un point qui lui est soumis, pécher par le raisonnement et donner par suite à sa décision des motifs contradictoires, négliger même de la motiver, se méprendre
sur la légalité des preuves qu'il ordonne et sur le sens
des actes qu'il interprète, induire des faits qu'il constate
de fausses conséquences juridiques, prononcer enfin des
condamnations soit principales soit accessoires que ces
faits ne justifient pas ou que le droit désavoue.

Le juge parcourt, en un mot, une route accidentée,
souvent longue et toujours périlleuse, au cours de laquelle il rencontre des difficultés sans nombre dont il
serait malaisé de dresser une nomenclature complète
mais dont les principales peuvent du moins être signa-
lées. Il convient de dire en effet que si notre législation
s'est montrée plus discrète et plus sobre que le droit
romain, en ce qui touche l'office du juge, elle n'est cependant pas restée absolument muette à cet égard. Mais
ses dispositions ne sont point groupées méthodiquement ; il n'est dès lors peut-être pas inutile de rassem-
bler ces membres épars et de les coordonner.

Telle sera la part de notre effort personnel ; la doctrine, et plus encore la jurisprudence, feront le reste.

Mais avant de marquer les grandes lignes et d'entrer
dans le vif du sujet que nous venons de délimiter, il
nous paraît nécessaire de présenter quelques considéra-

tions très générales sur la nature et le fondement de l'autorité judiciaire et sur le sens du mot juridiction. Ce sera la matière de notre premier chapitre.

Toutefois, avant d'aborder cette matière, nous ne saurions, ce nous semble, passer complètement sous silence une question qui trouve dans cette introduction une place indiquée sinon obligée. Dans un discours récent, que nous aurons encore l'occasion de citer, un avocat éminent (1) l'a posée en ces termes : faudrait-il dire avec certains auteurs qui disputent sur les mots que le pouvoir judiciaire n'est pas un pouvoir ? Nous demandons la permission de laisser à un de nos maîtres (2) le soin de répondre.

« La justice, nous a-t-il dit, est l'un des trois pouvoirs de l'État. Nous savons en effet qu'il y a dans l'État trois pouvoirs fondamentaux bien distincts : le pouvoir législatif, le pouvoir exécutif et le pouvoir judiciaire. Nous n'ignorons pas toutefois que certains auteurs soutiennent au contraire qu'il n'y a que deux pouvoirs distincts, le pouvoir législatif et le pouvoir exécutif ; seulement, dans ce système le pouvoir exécutif se subdivise lui-même en trois branches : gouvernement, administration et justice. Nous n'hésitons nullement à soutenir que cette théorie est, à notre avis, absolument fausse et tout à fait inadmissible. Sans avoir besoin de rappeler qu'elle a contre elle l'opinion des principaux philosophes et publicistes du siècle dernier et spécialement la grande autorité de Montesquieu (*Esprit des lois*, livre XI,

(1) Me Georges Devin, président de l'ordre des avocats au Conseil d'État et à la Cour de cassation. Discours prononcé à la séance d'ouverture de la Conférence du stage le 21 novembre 1896.
(2) M. Glasson à son cours.

ch. VI), nous ferons observer que si les magistrats sont nommés par le pouvoir exécutif — et c'est là l'argument capital de la théorie contraire, — il y a des pays où il n'en est pas ainsi et que, même chez nous, il y a des magistrats qui ne sont point nommés par le pouvoir exécutif; tels sont notamment les juges des tribunaux de commerce et les membres des conseils de prud'hommes.

« Aux partisans de cette théorie l'on peut objecter que s'ils étaient conséquents avec eux-mêmes, ils devraient pousser leur système jusqu'au bout et absorber le pouvoir exécutif dans le pouvoir législatif, comme ils absorbent le pouvoir judiciaire dans le pouvoir exécutif, et pour des raisons absolument identiques; car, il faut bien remarquer que le chef du pouvoir exécutif, le Président de la République lui-même, est nommé par le pouvoir législatif. Et c'est pour ces diverses raisons, sans en indiquer d'autres, que nous croyons nécessaire de considérer le pouvoir judiciaire comme un pouvoir distinct et d'assurer le plus possible son indépendance absolue (1). »

(1) Le discours que nous rappelions tout à l'heure arrive aux mêmes conclusions : « Le Parlement fût-il vraiment l'expression complète, unanime et toujours exacte de la volonté nationale, fût-il un souverain aussi absolu que le monarque d'une théocratie, ce serait une erreur de principe, en même temps qu'un redoutable danger, de ne pas constituer à côté de lui, pour l'administration de la justice, un pouvoir indépendant connaissant de tous les litiges. »

CHAPITRE PRÉLIMINAIRE

DE L'AUTORITÉ JUDICIAIRE ET DES DIFFÉRENTES SORTES
DE JURIDICTIONS. — PLAN ET DIVISION DE CETTE
ÉTUDE.

SECTION I. — De la nature du pouvoir judiciaire.

Qu'est-ce que le juge?

Ce mot qui revient souvent dans le langage de la pratique judiciaire y prend une acception déterminée qu'il convient de préciser, car pour connaître le but et le rôle d'une fonction il est indispensable de savoir exactement en quoi elle consiste. Nous disons donc que le juge est un magistrat investi par la puissance ou l'autorité publique du droit et du pouvoir de terminer un différend par une sentence. Tous les juges sont en général des magistrats, mais tous les magistrats ne sont pas des juges. On donne en effet ce nom de magistrats à des fonctionnaires de l'ordre administratif qui n'ont pas le droit de rendre la justice et n'ont qu'un pouvoir d'administration ou de police (1)... Au point de vue de l'application de certaines lois pénales il est d'un grand intérêt de savoir si tel ou tel citoyen est ou non revêtu de la qualité de magistrat; au point de vue où nous entendons nous placer, il importe uniquement de savoir quels

(1) Garsonnet, *op. cit.*, I, p. 176 et note.

magistrats ont la qualité de juges. Ceux-là seuls ont droit à ce titre qui concourent à l'administration de la justice distributive ou répressive, ceux en un mot que l'on désignait dans l'ancien régime sous le nom d'officiers de justice.

En effet le titre en vertu duquel le juge exerce sa fonction n'a pas toujours été le même.

« L'office », disait Domat (1), « est un titre donné par des lettres du prince qu'on appelle provisions, qui confèrent le pouvoir et imposent le devoir d'exercer quelques fonctions publiques et les officiers sont ceux qui sont pourvus de ces titres.

« On peut distinguer les différentes sortes d'offices et d'officiers par diverses vues qui en font de différents ordres, car il y en a de *justice*, de police, de finances, de guerre, de la maison du roi et de plusieurs autres différents ordres. »

Les offices, notamment ceux de judicature, étaient, comme on sait, vénaux et héréditaires (2), et il serait superflu de rappeler ici à quelles critiques cette vénalité

---

(1) *Droit public*, liv. II, tit. I, préamb. page 109, col. I de l'édition in-f° de MDCCLXXVII.

(2) A l'exception toutefois des hautes dignités de la magistrature. Celle de premier président, par exemple, ne se vendait pas (Dall., *Rép.*, V° *Organisation judiciaire*, ch. 1, sect. 3, n° 85). Ces grandes charges ne pouvaient être occupées en office ; elles n'étaient tenues qu'en commission. On distinguait en effet l'une de l'autre. La principale différence qui était faite dans l'ancienne législation sur les offices, entre l'office et la commission, c'était que la commission n'était que temporaire et toujours révocable à la volonté du prince d'où elle était émanée, et que l'office n'était pas révocable pendant la vie de l'officier qui en avait obtenu les provisions, lequel ne pouvait en être privé que par un jugement de forfaiture (Dard, *Traité des offices*, liv. I, ch. II, t. 1, page 17).

avait donné lieu tant de la part des jurisconsultes que des moralistes.

Il n'existe plus aujourd'hui et depuis le décret du 4 août 1789 d'officiers de justice dans le sens propre du mot, puisque ce décret a supprimé la propriété des offices. On n'entreprendra pas de retracer, même à grands traits, l'histoire des divers systèmes successivement adoptés depuis cette époque jusqu'à nos jours pour conférer l'investiture aux juges, et moins encore de se livrer à un examen critique de ces systèmes. Il suffira de rappeler qu'aujourd'hui les juges sont nommés par le chef de l'État, sur la proposition du Ministre de la Justice (1), que le magistrat nommé doit se faire recevoir et installer dans ses fonctions ; qu'à partir de son installation le juge est en pleine possession de ses pouvoirs, que la prestation de serment constitue la formalité essentielle, et, si l'on peut ainsi parler, la caractéristique de la réception du juge et le sceau de son investiture. Ce serment est purement professionnel comme il convient pour des hommes qui doivent se renfermer tout entiers dans l'exercice de leur ministère. Nous ne parlerons pas non plus des conditions de capacité requises pour être admis à remplir des fonctions de judicature (2-3), ni des garanties résultant pour les justicia-

(1) Garsonnet, t. II, page 187.
(2) Garsonnet, *ibid.*, pages 191-202.
(3) Le jurisconsulte Paul avait très heureusement indiqué dans le texte suivant, les diverses causes qui peuvent faire obstacle à l'investiture du pouvoir judiciaire au profit de telle ou telle catégorie de personnes :

« Quidam lege impediuntur ne judices sint, quidam natura, quidam moribus. Natura ut surdus, mutus et perpetuo furiosus et impubes quia judicio carent. Lege impeditur qui senatu motus est. Moribus feminæ et servi, non quia non habent judicium, sed quia receptum est ut civilibus

bles du principe de l'inamovibilité des magistrats. Il
s'agit uniquement du rôle qu'ils ont à jouer et de la mission qui leur incombe.

« Les gouvernements, dit Henrion de Pansey (1), dépositaires de toutes les forces comme de toutes les volontés individuelles, doivent à tous une justice que chacun

officiis non funguntur. » L. 12, § 2, D., *de judiciis et ubi quisque* etc.
On sait la campagne qui a été entreprise ces derniers temps, dans le
nouveau comme dans l'ancien monde, sous le nom de mouvement fémi-
niste, pour protester contre cette exclusion des fonctions publiques que
nos mœurs comme les mœurs anciennes ont introduite au préjudice des
femmes. Il n'est peut-être pas sans intérêt de rappeler ici ce qu'en
pensaient nos vieux jurisconsultes français.
Si les législateurs, écrivait Dantoine, ont exclu de tout temps les femmes
des offices publics, je dirai avec Godefroy que les motifs de cette exclusion ne sont nullement de certains défauts que l'on attribue et que l'on
croit trouver dans ce sexe. Est-ce l'inconstance ? Souvent il est plus fixe
dnas ses sentiments que le nôtre. Est-ce la fragilité ? Il fait souvent
paraître plus de fermeté que nous. Est-ce défaut de pénétration ? Les
femmes ont autant d'esprit que les hommes, et, dès lors qu'elles se
portent à la vertu et à l'étude, elles y vont avec plus d'ardeur que nous
et y font plus de progrès.
Quel est donc le motif de cette exclusion ? Si nous en croyons la loi,
c'est l'usage et rien de plus : « Moribus prohibentur judices dari non
quia non habent animi judicium sed quia receptum est ut civilibus officiis non fungantur. » Mais sur quoi est fondé cet usage ? Car tout usage,
pour n'être pas tyrannique, doit être appuyé sur la raison. Je réponds à
cela que c'est une raison de pudeur, cette pudeur qui sied si bien au
sexe et qui par bienséance la doit éloigner des assemblées publiques.
Pourraient-elles postuler en qualité d'avocat pour défendre la cause
d'autrui et monter sur les rangs des juges, pour la régler sans se mêler
parmi les gens de justice que Justinien appelle *agmen judiciale*. « De-
decet mulierem quæ pudicitiæ suæ memor esse debet in cœtum virorum
prodire. Fœminæ ab omni officiali agmine separari debent. » Sans
doute ce serait exposer cette pudeur qui doit leur être chère. On peut
donc assurer que la bienséance est la seule cause qui a éloigné les
femmes de l'embarras des offices publics, si ce n'est qu'on veuille ajouter pour seconde raison les ménagements que l'on doit avoir pour la
complexion de ce sexe qui doit se réserver à des occupations plus dou-
ces et plus tranquilles (J.-B. Dantoine, *Les règles du droit civil*, etc.,
Lyon, 1710).
(1) *De l'autorité judiciaire*, chap. XXIV, sect. 10.

s'est interdit de se rendre à soi-même : de là l'institution des juges..., du caractère de leur institution découlent tous leurs devoirs. »

Le droit de juger résulte donc d'une investiture accordée par la puissance publique. Mais en réalité que délègue-t-elle au citoyen investi de la qualité de juge ? Est-ce uniquement le droit d'examiner une contestation juridique et de la terminer par une sentence ? C'est là sans doute le principal attribut du droit de juger, mais, considéré à ce premier point de vue, ce droit constituerait plutôt une sorte de faculté que de simples particuliers pourraient exercer comme une prérogative naturelle et qu'ils exercent en réalité dans le cas d'arbitrage. L'autorité ou le pouvoir judiciaire comprend donc quelque chose de plus que le droit de statuer sur un différend ; cet autre élément essentiel que la puissance publique communique au juge c'est le commandement, l'*imperium*. C'est là ce qu'il n'appartient pas aux particuliers de s'arroger ou de déléguer parce qu'ils ne disposent pas de la puissance publique ; rien ne leur défend de dire le droit mais ils n'ont pas le pouvoir de rendre un jugement dans le vrai sens du mot (1). Leur décision

(1) « Et alias quoque multum interest inter jus dicere et judicare » (Vinnius, *Tractatus de jurisdictione et imperio*, cap. V, n° 5). Cette idée a été magistralement développée dans un très intéressant arrêt de la Cour d'appel de Toulouse du 25 novembre 1818 (D. P. 1850. 2. 178) où on lit : « que le juge ne prononce que sur des faits acquis et constants desquels résultent des droits et obligations ; mais que son intervention est vainement réclamée lorsque le droit n'a pas été réalisé par un fait dont la légalité est contestée par celui contre lequel il est dirigé et qui doit en subir les conséquences; que les premiers juges ont pris pour base de leur décision une pure hypothèse qui peut ne jamais se réaliser ; ils ont en un mot *transformé leur caractère en celui de jurisconsultes* ; ceux-ci, en effet, tracent aux parties la ligne de conduite qu'elles doivent suivre...., tandis que le juge se borne à déclarer si un fait accompli est l'exercice d'un droit légitime ou s'il constitue un abus. »

n'aura d'autre valeur que celle d'une appréciation personnelle qu'il sera loisible aux parties intéressées de prendre ou non en considération mais qui n'aura d'autre
autorité que celle qu'il plaira à ces mêmes parties de lui
donner ; elle n'obligera légalement aucune d'elles. C'est
donc à la puissance publique seule qu'il appartient de
conférer la juridiction au sens propre de ce mot, c'est-à-
dire avec tous les attributs et toutes les prérogatives
qu'il implique.

C'est en effet une théorie traditionnelle et classique
que l'autorité judiciaire, autrement dit le pouvoir conféré au juge, se compose de deux éléments : la juridiction proprement dite et le commandement. En quoi l'un
se distingue-t-il de l'autre ? Comment leur réunion cons-
titue-t-elle le pouvoir judiciaire ?

Il résulte d'un texte de Paul (1) que lorsque le jugement d'une affaire a été confié à un simple particulier
on est censé lui avoir conféré en même temps cette sorte
de commandement ou d'*imperium*, autre que l'*imperium merum,* car, dit le jurisconsulte, il n'y a pas de
juridiction sans un certain pouvoir de contrainte : « quia
jurisdictio sine modica coercitione nulla est ».

Les jurisconsultes romains reconnaissaient, en effet,
deux sortes d'*imperium* : l'un qu'ils appelaient *merum*
qui n'était autre que la puissance du glaive pour punir
les criminels et qu'ils nommaient aussi *potestas* ; l'autre
qu'ils qualifiaient de *mixtum* et qu'ils considéraient
comme faisant partie essentielle et intégrante de la juridiction (2). Nous ne saurions nous étendre sur les

_____

(1) L. 5, § 1, D., *De officio ejus cui mandata est jurisdictio.*
(2) Ulp., L. 3, D., *De jurisdictione,* I, 22. C'est encore ce qui résulte
d'un passage du discours de Cicéron, *pro. Murena* (cap. XX), où l'ora-

caractères du *merum imperium* ni rééditer à ce sujet une théorie qui n'a qu'un rapport éloigné avec cette étude, mais il convient peut-être de dire quelques mots du *mixtum imperium* qui fait partie intégrante de la ju-ridiction, *quod jurisdictioni cohæret,* suivant l'expres-sion de Vinnius (1).

Ce jurisconsulte nous paraît l'avoir défini avec une heureuse précision lorsqu'il a dit : *mixtum imperium est potestas cohærens jurisdictioni comparata ad cam tuendam atque explicandam. Dicitur mixtum prop-terea quod conjunctum est cum jurisdictione cique co-hæret et inest* (2).

Ainsi l'*imperium mixtum* fait partie intégrante, né-cessaire, constitutive de la juridiction, à ce point que l'une ne saurait se concevoir sans l'adjonction de l'au-tre. Pourquoi cette adjonction? Est-elle indispensable? L'auteur que nous venons de citer se charge encore de répondre (3).

En raison, nous dit-il, de l'audace des plaideurs ré-calcitrants qui refusent d'obéir aux décisions et d'obtem-pérer aux décrets des magistrats dans les causes civiles, il est devenu nécessaire de détacher, pour ainsi dire, une portion de l'*imperium* pour l'adjoindre à la juridiction afin que le magistrat armé de ce pouvoir puisse la dé-fendre, faire exécuter tout ce qu'il a ordonné et décrété

---

teur oppose très nettement la juridiction civile échue à son client, au mo-ment de sa préture et la *quæstio peculatus,* c'est-à-dire la poursuite des concussionnaires qui incomba à la même époque au concurrent de Mu-rena, le jurisconsulte Sulpicius, *quæstio* qui n'était autre que le *merum imperium* (Vinnius, *Tract. cit.,* l, § 1).

(1) *Ibid.,* cap. V, Pro.
(2) *Ibid.,* cap. VII, § 1.
(3) *Ibid.,* § 2.

en vertu de cette même juridiction, accomplir enfin toutes choses sans lesquelles celle-ci ne serait qu'un mot.

L'*imperium mixtum* tend donc à une double fin ou plutôt il renferme un double pouvoir : l'un qui sauvegarde la fonction du juge : *coercitio*, l'autre qui assure l'exécution de ses sentences : *executio*. En quoi consistent précisément l'une et l'autre ?

Jurisdictio, nous a dit le jurisconsulte Paul, *sine modica coercitione nulla est*. La coercition, dit à son tour Henrion de Pansey (1) s'inspirant de ce texte, consiste dans le droit qui appartient à tous les juges de punir par des peines légères, telles qu'une amende peu considérable ou un emprisonnement de peu de durée, les injures qui leur seraient faites dans l'exercice de leurs fonctions. En effet, tous les juges, quelque rang qu'ils occupent dans la hiérarchie, ont ce droit de coercition ; il leur était assuré par les lois romaines (2), comme il l'est par les lois françaises (3).

C'est donc dans ce pouvoir de répression ou de police que réside à proprement parler cette partie de l'*imperium mixtum* à laquelle les jurisconsultes donnent le nom de *coercitio* ; par où l'on voit que si la *coercitio* fait partie nécessaire de la juridiction elle n'en constitue pas cependant l'élément essentiel ; elle en est plutôt l'auxiliaire et le soutien, la protectrice si l'on peut ainsi parler. Elle sauvegarde la fonction du juge plus encore

---

(1) *Op. cit.*, ch. VI ; p. 141, édition de 1818.
(2) « Omnibus magistratibus secundum jus potestatis suæ concessum est jurisdictionem suam defendere pœnali judicio. » L. I, pr., D., *si quis jus dicenti*, II, 3.
« Contemni non patitur qui jus reddit. » L. 19, D., *de officio præsidis*, I, 18.
(3) Art. 10 et suiv., 19 et suiv. C. pr. civ.

qu'elle ne consacre ses opérations ; elle lui permet
d'exercer son ministère en toute liberté et dignité, mais
ce n'est pas elle qui lui donne sa véritable force, qui lui
communique l'autorité indispensable pour que sa décision devienne une loi et soit obéie, disons le mot, soit
exécutée comme telle.

Vous voyez, disait Cicéron, dans un passage célèbre
du *Traité des lois* (1), quelle est la puissance du magistrat : il préside, il prescrit tout ce qui est juste, utile,
conforme aux lois. Les lois commandent aux magistrats
comme les magistrats au peuple et l'on peut dire avec
vérité que le magistrat est la loi parlante et la loi le magistrat muet.

Comment cette loi parlante se fera-t-elle obéir ?

C'est ici qu'intervient le deuxième élément ou plutôt
l'élément essentiel de l'*imperium mixtum*, celui que le
jurisconsulte Heineccius (2) appelle *vis et coactio* dans
un passage qui mérite d'être rapporté intégralement
parce qu'il nous paraît jeter une grande clarté sur cette
matière. *Quumque jurisdictio in sola notione consistat,
sequitur ut ea tantum in decernendo et judice dando sit
posita : ut, simul ac aliqua vis et coactio accedit, statim
sese exserat imperium, ut non exsequutio, sed sententia, sit extremum in jurisdictione.* Que nous enseigne
ce texte ? C'est que l'*imperium mixtum*, de quelque façon qu'on l'envisage, sous son premier aspect, *coercitio*, ou sous le deuxième, *executio*, n'est pas tellement

(1) Lib. III, 1. C'est la même pensée qu'exprimait Étienne Pasquier
dans son *Pour parler du Prince* lorsqu'il dit : « Et c'est une reigle as-
seurée qui est requise en toute République bien policée, que le peuple
soit sujet au magistrat, et le magistrat à la loy. »

(2) Heineccius, *ad Pandectas*, lib. II, tit. I, § 244, cité par Henrion de
Pansey, p. 140, note.

incorporé à la juridiction proprement dite qu'il ne puisse nettement s'en distinguer. C'est une sorte d'accession plutôt que d'incorporation, si bien que le juge n'a pas encore fait acte de juridiction ou l'a épuisée lorsque l'*imperium* se manifeste. Que le magistrat fasse respecter son autorité à l'audience même par l'application d'une pénalité, ou que sa décision se revête de la formule exécutoire qui lui donnera force de loi, il agit, dans l'un et l'autre cas, en dehors de l'opération de juridiction proprement dite qui consiste réellement, comme l'a dit Heineccius, *in notione et in decernendo*. L'*imperium* n'étant ainsi que l'accessoire de la juridiction, quelle en est la conséquence ? C'est qu'il n'a rien d'absolu, qu'il est au contraire tout relatif et restreint aux proportions où il est indispensable ; qu'il ne peut s'exercer que dans la sphère même de la juridiction, pour la rendre possible et efficace. C'est un point qu'il importait de mettre en lumière sans retard. S'il est en effet une vérité fondamentale en cette matière, c'est que le pouvoir du juge se trouve étroitement circonscrit dans les limites du cas particulier qui lui est soumis, limites que le Code civil semble avoir eu hâte de lui tracer (1). Nous reviendrons sur ce point, mais tenons d'ores et déjà pour certain que l'*imperium* du juge est exactement mesuré et proportionné à l'étendue de sa mission. Que le juge éprouve le besoin de s'éclairer pour mieux apprécier le différend qui lui est soumis, qu'à cet effet il considère comme indispensable d'amener devant lui une partie qui ne figurait pas à l'origine dans l'instance, il rend une décision pour ordonner sa mise en cause et

(1) Art. 6, C. civ.

son *imperium* assure l'exécution de cette décision dans
les termes où elle est rendue mais non point au delà.
En un mot l'*imperium* ne s'exerce et ne produit son
effet que dans la sphère des attributions légales du magistrat.

De même, disait Vinnius (1), que l'on ne conçoit pas
un magistrat sans juridiction, de même on ne le conçoit
pas sans quelque autorité pour défendre cette juridiction et faire exécuter ce qu'il a décidé ou ordonné. Il
n'est pas nécessaire que tout magistrat possède ce pouvoir dans sa plénitude non plus qu'il ait pleine juridiction, mais encore faut-il qu'il possède une portion
d'*imperium* suffisante pour protéger sa fonction et assurer l'exécution de ses sentences.

En résumant cette théorie, Henrion de Pansey à qui
nous en avons emprunté les éléments, s'exprime en ces
termes (2) : « on voit que l'autorité judiciaire a deux parties très distinctes, la juridiction et le commandement ;
que la juridiction est concentrée dans le double droit de
connaître des procès et de les terminer par un jugement
et que, par son union avec la juridiction, le commandement se modifie de manière que tous ses mouvements
sont réglés par la loi et qu'il ne peut agir que pour faire
exécuter les décrets de justice. En dernière analyse, tout
cela s'explique par les mots suivants : *notio, vocatio,*
coercitio, judicium (3), *executio.* »

Ces idées générales exposées et les éléments de l'au-

(1) *Op. cit.*, VII, § 13.
(2) Ch. VI, page 143.
(3) Peut-être serait-il plus exact de remplacer le mot *judicium* par
celui de *sententia* ; le premier signifiait plutôt l'instance que le jugement
lui-même ou la décision de justice qui se traduit rigoureusement par le
mot *sententia*.

torité judiciaire ainsi analysés et définis, essayons de fixer le sens du mot juridiction. *Nunc de jurisdictione videamus, prout ea vox in usu juris sumitur* (1).

SECTION II. — **Des différentes sortes de juridictions.**

« Outre les officiers des cours souveraines », écrivait Loyseau (2), « il n'y a d'ailleurs que ceux de la *justice ordinaire* qui soient de vrais magistrats, ayant seuls puissance ordinaire, *juridiction entière* et vrai détroit et *territoire* qui est à nous la marque de la juridiction et magistrature. »

Il y a dans ce passage des expressions que nous avons soulignées et qui doivent être bien comprises : *justice ordinaire, juridiction entière, territoire.* Quel est le véritable sens de ces mots ? A quelles réalités, à quelles nécessités répondent-ils ? Faute de s'expliquer à cet égard on s'expose à tomber dans de regrettables confusions.

Tous les interprètes anciens et modernes nous parlent en effet de juridiction ordinaire et de juridiction extraordinaire ; quels sont donc les caractères distinctifs de l'une ou l'autre ? On peut ici, comme en toute matière, procéder pour s'éclairer, soit par. voie de définition *à priori*, soit par voie d'observation des faits.

La première méthode était en général celle de nos anciens jurisconsultes ; on préfère aujourd'hui la seconde, et non sans raison, car il n'y a pas de fondement plus

(1) Vinnius, *op. cit.*, cap. V, pr.
(2) *Traité des offices*, l. I, ch. 6, n° 48.

solide, surtout dans les sciences morales, que l'observation et l'étude attentive des faits.

Adoptant au contraire le premier procédé fort en hon-
neur de son temps, Vinnius (1) définissait la juridiction
ordinaire celle qui appartient au magistrat d'après le
droit ordinaire et la coutume admise chez les ancêtres.
A l'inverse, la juridiction extraordinaire est celle qui
dérive d'une concession spéciale de la loi ou du prince
et ne découle point du droit ordinaire. Qu'est-ce donc
que ce droit ordinaire, et que vient faire ici la coutume
des ancêtres ? Tout cela demandait peut-être quelques
explications que Vinnius ne nous donne pas et qui sont
pourtant indispensables pour jeter quelque jour sur
cette matière. Plaçons-nous donc en présence des faits.

Il est clair qu'à l'origine des temps, c'est-à-dire des
sociétés organisées, on ne connaissait qu'une seule juridiction (2). Toutes les difficultés contentieuses étaient
soumises au même juge dont la tâche d'ailleurs assez
peu compliquée devait ressembler sans doute à celle de
nos juges de paix siégeant comme magistrats concilia-
teurs. Il n'était pas, il ne pouvait pas être alors question de juridiction extraordinaire ; un seul juge ou du

_____

(1) *Op. cit.*, cap. VI, pr.
(2) A l'époque royale l'organisation judiciaire était tout à fait à l'état
rudimentaire. Cicéron affirme qu'un particulier n'était jamais chargé de
statuer sur un procès ni comme juge, ni comme arbitre ; le roi prononçait seul sur les différends soumis à la justice publique : il était à la
fois magistrat et juge (Cic., *De Rep.*, V, 2). Ce n'est pas qu'on lui eût
spécialement conféré ce pouvoir : les notions abstraites comme la notion
du pouvoir étaient étrangères aux Romains des premiers siècles.
Cuq, *Les institutions juridiques des Romains*, l. II, ch. 14, p. 402).
Cf. Ortolan, t. I, p. 480 et suiv.
La royauté, disait Cicéron dans le passage précité, n'a pas de plus
beau privilège que la recherche de l'équité, ce qui comprend l'interprétation du droit.

moins un seul corps judiciaire suffisait à tout et à tous
et réunissait tous les attributs de la juridiction tels que
nous les avons précédemment énumérés. C'est ainsi que
les choses se passaient chez les ancêtres : *more à majo-
ribus recepto.*

Mais lorsque le clan ou l'agglomération primitive devient peuple, lorsque la tribu originaire se transforme
en nation, lorsque l'idée de Gouvernement et la notion
de l'Etat commencent à se dégager sous l'empire des nécessités sociales de jour en jour plus variées et plus
pressantes, l'autorité judiciaire se répartit et se divise
entre divers organes qui tous conservent les mêmes attributs que le juge ou le corps de juges primitif. Ils ne
les conservent toutefois que sur des portions déterminées du sol spécialement placées sous leur juridiction.
C'est encore la juridiction ordinaire, mais une juridiction ordinaire localisée. A quel moment naîtra donc la
juridiction extraordinaire ? Nous laisserons à un de nos
plus grands jurisconsultes le soin de nous l'apprendre.

« Comme dans les grands états la multitude des affaires a fait naître une infinité de différends de diverses
sortes et a donné naissance à la multiplication et des
lois et des matières, on a eu besoin de juges qui, outre
la connaissance des règles de l'équité naturelle, eussent
la science de ces lois et du détail de ces matières, et on
a donné à ces juges leur dignité, leur autorité et distingué même leurs fonctions, *établissant de différentes
juridictions pour en juger les différentes sortes de
matières* (1). »

« Ainsi, continue le même auteur, on voit dans le

_____

(1) Domat, *Droit public*, Liv. XI. Des officiers et autres personnes
qui participent aux fonctions publiques.

droit romain un grand nombre de divers magistrats dont
les juridictions étaient distinguées et dont quelques-uns
avaient le pouvoir de donner des juges qu'ils choisis-
saient eux-mêmes pour juger les différends qui pouvaient naître entre les particuliers. On peut juger par
cette diversité de magistrats dont on voit les noms et
les différentes fonctions dans le droit romain, que les
différentes juridictions qu'on voit en France ne sont pas
une nouveauté. »

Venant ensuite à ce qui se passait chez nous de son
temps, Domat explique avec cette clarté qui lui est propre comment la diversité des fonctions a entraîné celle
des juridictions et, dans un passage dont Henrion de
Pansey s'est manifestement inspiré, il découvre l'origine
et le fondement des juridictions extraordinaires. « Ces
juridictions, dit-il dans une formule heureuse, sont distinguées par les différentes matières de leur compétence ; » ce qui signifie, en d'autres termes, que ces juridictions ne peuvent connaître que des matières qui leur
sont expressément attribuées, à l'inverse des juridictions ordinaires ou primitives qui ont la plénitude du
pouvoir judiciaire. Leur compétence dans les limites de
leur circonscription s'étend par suite à toutes les matières, exception faite de celles dont la connaissance leur
a été formellement enlevée par la loi.

Deux autres de nos anciens jurisconsultes, Dumoulin et Heineccius ont également défini l'une et l'autre
juridiction. *Ordinaria jurisdictio*, a dit le premier (1),
*illa est quæ per legem vel principem datur universali-
ter pro modo territorii. Extraordinaria jurisdictio*,

(1) Ad lib. III Codicis, Tit. 13.

dit d'autre part Heineccius (1), *est quæ non nisi certis magistratibus speciali lege defertur.*

Et ces définitions sont développées dans un lumineux passage de Loyseau qui pourrait servir d'exposé des motifs à nos lois organiques de la matière. En effet, la distinction si nettement établie par ce jurisconsulte entre les deux juridictions ordinaire et extraordinaire résulte clairement de la loi du 24 août 1790 qui porte (2): « les juges de district connaîtront en première instance de toutes les affaires personnelles, réelles et mixtes, en toutes matières, excepté seulement celles qui ont été déclarées de la compétence des juges de paix, les affaires de commerce dans les districts où il y aura des tribunaux établis et le contentieux de la police municipale. »

C'est ainsi que les tribunaux civils d'arrondissement et les cours d'appel constituent aujourd'hui des juridictions ordinaires, tandis que les juridictions extraordinaires comprennent les tribunaux de paix et de commerce ainsi que les conseils de prud'hommes. Nous ne parlons pas de la Cour de cassation, juridiction toute spéciale qui, en aucun cas et sous aucun prétexte, ne connaît du fond des affaires.

Reste à expliquer une dernière expression que nous avons rencontrée sous la plume de Vinnius, de Loyseau et de quelques autres ; c'est l'expression de *territoire.* Qu'est-ce que le territoire au sens juridique ?

La loi 239, § 8, D., *de verborum significatione,* répond en ces termes : « *Territorium dictum est ab eo quod magistratus intra fines ejus terrendi jus habent.* »

(1) *Ad Pand.*, L. II, Tit. I, p. 251.
(2) Tit. IV, art. 4.

Nous sommes loin, comme on le voit, de l'idée que l'on
se fait généralement des mots territoire, circonscription
territoriale. Ils ne désignent pas seulement une expression géographique, ils se réfèrent à l'un des éléments
de l'autorité judiciaire que nous avons précédemment
déterminé : l'*imperium*. Seules ont le droit de territoire
les juridictions qui jouissent de la plénitude de cette
autorité. Qu'en résulte-t-il ? C'est que les juridictions
ordinaires ayant seules le *jus territorii*, seules aussi
elles sont en possession de cet élément de l'autorité judiciaire que nous avons désigné sous le nom d'*executio* : de telle sorte que si des difficultés s'élèvent sur
l'exécution d'une sentence rendue par un tribunal d'exception, ce n'est pas à ce tribunal mais à la juridiction
ordinaire qu'appartiendra la connaissance de cette difficulté. « *Suas sententias exsequi non possunt*, disait
d'Argentré (1), *qui territorium non habent*. »

A l'idée de territoire se rattache étroitement celle
de compétence qui implique elle-même une idée de capacité, d'aptitude, d'exercice légitime. On dit en effet
qu'une juridiction est compétente (2) lorsqu'elle a le
droit de juger le litige qui lui est soumis, sans qu'aucune juridiction rivale puisse lui disputer ce droit et lui
enlever la connaissance de ce litige. Or les juridictions
ordinaires ont une compétence générale et beaucoup
plus étendue que celle des juridictions extraordinaires
ou d'exception. Le moment n'est pas venu d'insister
sur cette idée et de distinguer les différentes espèces de

---

(1) Coutume de Bretagne, art. 19, not. 1, nº 40.
(2) M. Garsonnet (T. I, § 148, p. 631) définit la compétence en disant
que c'est l'aptitude d'un tribunal ou d'une cour à connaître d'une action
ou d'une défense.

compétence, mais nous terminerons cette section de notre chapitre en disant quelques mots sur les autres divisions des juridictions.

« *Notabilis est distributio jurisdictionis*, disait Vinnius (1), *in propriam, mandatam et prologatam.* » Si cette étude avait eu pour objet le droit romain, nous aurions dû insister sur la première division et distinguer soigneusement la juridiction propre de la juridiction déléguée. Mais cette distinction qui était d'une si haute importance dans l'organisation judiciaire romaine n'en a plus aucune dans la nôtre où toute justice est déléguée, c'est-à-dire exercée par des tribunaux chargés de la rendre et qui ne peuvent s'en remettre à d'autres du même soin (2). Ne parlons dès lors que de la prorogation de juridiction.

« *Prorogatio jurisdictionis*, disait le jurisconsulte (3) que nous citions tout à l'heure, *nihil aliud est quam jurisdictionis extra fines suos consensu privatorum facta productio.*» C'est à peu près la définition de Noodt (*de jurisdictione et imperio*, lib. II, cap. XII) : « *Prorogata dicitur jurisdictio quum litigantium consensu profertur extra terminos quibus includitur.* » Enfin Heineccius (*ad Pand.*, L. II, Tit. 2, nᵒ 252) donne encore une autre définition que Henrion de Pansey considère comme plus complète parce qu'elle comprend la prorogation légale : « *prorogata jurisdictio est quœ voluntate partium vel ex prœcepto legis extra terminos suos exercetur.* »

Le fondement de la prorogation de juridiction, c'est-

(1) *Tract. civ.*, cap. VIII, pr.
(2) Garsonnet, t. I, §3, p. 12.
(3) Vinnius, cap. X, pr.

à-dire le fait qui lui donne naissance et la rend légitime a été mis en pleine lumière par Ulpien (1) : *Si se subjiciant aliqui jurisdictioni et consentiant, inter consentientes cujusve judicis qui tribunali præest vel aliam jurisdictionem habet est jurisdictio. Consensisse autem videntur qui sciant se non esse subjectos jurisdictioni ejus et in eum consentiant ; cæterum si putant ejus jurisdictionem esse non erit ejus jurisdictio : error enim litigatorum (ut Julianus quoque libro I Digestorum scribit) non habet consensum : aut si putaverunt alium esse prætorem pro alio, æque error non dedit jurisdictionem : aut si cum restitisset quivis ex litigatoribus, viribus præturæ compulsus est, nulla jurisdictio est.*

Ainsi quoique les juridictions soient organisées par la puissance publique, il appartient néanmoins aux particuliers de les étendre, encore qu'ils ne puissent les créer, mais il faut que la volonté des parties à cet égard soit formelle et non équivoque. Ici, comme en bien d'autres matières, la convention tient lieu de loi et pour ainsi parler de loi organique, mais il est indispensable que cette volonté créatrice soit libre, éclairée et qu'elle ne soit viciée ni par la violence ni par la crainte (2). Il n'est cependant pas nécessaire que cette volonté soit expresse. On reconnaît, en effet, que la prorogation volontaire peut, dans certains cas, se produire tacitement, par exemple lorsqu'une partie comparaissant devant le juge qui n'est point celui de son domicile, n'élève aucune réclamation et ne demande pas son renvoi devant un autre tribunal. Mais encore faut-il que cette partie agisse en toute li-

(1) L. 1, D., *de judiciis*, V, 1.
(2) Voluntate sublata e medio, disait Dumoulin, omnis actus est indifferens.

berté et en pleine connaissance de cause. Il serait hors
de propos d'insister sur les différentes sortes de prorogation et de distinguer notamment entre les diverses
espèces de prorogation volontaire qui toutes ont pour
cause le consentement des parties (1) ; mais, et c'est le
point qui nous intéresse, le consentement du juge est-il
également indispensable pour que la juridiction puisse
être prorogée ? Il semble que puisqu'il s'agit de sa propre juridiction l'affirmative ne saurait être douteuse ;
mais le jurisconsulte cité en note s'inspirant de la loi 2,
§ 1, D, *de judiciis,* ajoute : *ac ne ejus quidem cujus jurisdictio prorogatur.*

Sans présenter une théorie complète de la prorogation
de juridiction, nous ne saurions quitter le terrain des
idées générales qu'après avoir dit un mot de la prorogation légale. On la désigne sous ce nom, non point,
comme on pourrait le croire, parce qu'elle s'opère par le
fait seul de la loi, mais simplement avec son autorisation et par le seul fait du défendeur. C'est celle que l'on
nomme reconvention dans le langage de la pratique et
dont le principe a été indiqué par Heineccius (2) dans
les termes suivants : *Ex praecepto enim legis jurisdictio prorogatur per reconventionem quae est mutua litigantium coram eodem judice petitio. Leges enim pro-
bant hoc axioma : cujus in agendo actor servat arbitrium
eum et contra se judicem non dedignari debet.*

Il est inutile d'expliquer ce qu'on entend par juridiction en premier et en dernier ressort. Mais nous devons

(1) « Illud ante omnia pro certo habendum », dit encore Vinnius (*op.
cit.*, cap. X, § 4) « prorogationem esse actum partium ac proinde non
aliorum consensum hic exigi quam ipsorum litigatorum. »
(2) *Ad Pandectas*, l. II, tit. I, n. 256 et Henrion de Pansey, p. 240.

au contraire nous arrêter un instant sur une distinction qui nous intéresse particulièrement et qui se réfère à la juridiction contentieuse d'une part et de l'autre à la juridiction volontaire. C'est encore dans la loi romaine que nous trouvons le fondement de cette distinction. *Contentiosa jurisdictio est*, d'après Vinnius (1), *quae exercetur in invitos judicio pecuniario seu civili contendentes. Voluntaria jurisdictio est quae exercetur auctore magistratu in volentes in iis quae geruntur extra judicium* (2).

Cette distinction, de même que la précédente, est encore d'une grande importance au point de vue de l'office du juge. Qu'est-ce en effet que cette connaissance de cause *causæ cognitio* dont il est question dans les définitions d'Heineccius et qui constitue un des caractères constitutifs d'une des juridictions ? Existe-t-il donc des cas où le juge peut prononcer *causa non cognita*, sans se préoccuper du rôle que viennent jouer devant lui les parties qui font appel à son intervention, pourvu que ces parties soient d'accord entre elles ? Non, et ce n'est pas ainsi qu'il faut entendre ces expressions. Elles se réfèrent uniquement aux modes de preuves par lesquelles le juge forme sa conviction dans l'une ou l'autre juridiction.

Nous verrons plus loin, en effet, qu'au premier rang des devoirs du juge figure celui de ne se point prononcer d'après la connaissance personnelle qu'il peut avoir

---

(1) *Tract. cit.*, cap. VI, § 5 ; *adde*, Domat, *Droit public*, II, p. 123, nº 28.

(2) Heineccius disait de même : « Jurisdictio recte dividitur in voluntariam quæ inter volentes et sine causæ cognitione exercetur et contentiosam quæ inter invitos et litigantes cum causæ cognitione explicatur. » *Ad Pandectas*, l. II, t. I, *de Jurisdictione*, p. 249.

de l'affaire qui lui est soumise, mais seulement d'après les formes de procéder et les preuves établies par la loi. C'est là ce qu'on entend à proprement parler par *causæ cognitio*, celle que le savant commentateur de la coutume de Bretagne appelait *legitima* par opposition à celle que le même jurisconsulte désignait sous le nom d'*informatoria* et qui recrute ses éléments partout où le juge le trouve bon. C'est ainsi qu'en matière de juridiction volontaire le juge pourra fonder sa décision sur des renseignements personnels, tandis qu'il ne peut statuer par voie contentieuse que d'après les allégations des parties et la vérification qu'il en a faite suivant les formes légales.

On peut citer à titre d'exemple comme actes de juridiction volontaire l'adoption, l'émancipation, l'ouverture des testaments, les aliénations de biens de mineurs, etc. Nous ne prolongerons pas ce parallèle entre la juridiction volontaire et la juridiction contentieuse. Mais il était indispensable de marquer exactement les caractères de cette dernière, puisque c'est uniquement de l'office du juge en cette matière qu'il sera question dans les pages qui vont suivre et dont il nous reste à faire connaître l'ordre et la disposition.

Il demeure d'ailleurs bien entendu que nous prenons comme type le juge de la juridiction ordinaire, et, pour préciser mieux encore, le juge du tribunal d'arrondissement devant lequel s'instruit le procès et qui le tranche par une décision portant le nom de jugement. Le tribunal d'arrondissement constitue en effet la juridiction de droit commun, c'est-à-dire celle qui est compétente pour toutes les affaires dont la connaissance ne lui a pas été enlevée par un texte de loi. En matière civile les seuls

tribunaux de droit commun sont les tribunaux d'arrondissement et les cours d'appel. Nous ne parlerons point
toutefois du juge d'appel dont la juridiction est soumise
à quelques règles spéciales. Moins encore nous préoc-
cuperons-nous des juges d'exception tels que le juge de
paix, le prud'homme et le juge de commerce dont l'office est déterminé par la nature de leurs attributions
particulières. A peine est-il besoin d'ajouter qu'il ne
saurait non plus être question pour nous du juge de
cassation, magistrat spécial, qui n'a pas pour mission
d'apprécier au fond le mérite des jugements ou arrêts
attaqués devant la haute juridiction dont il fait partie,
mais uniquement de vérifier s'il y a eu violation de la
loi ou inobservation des formes prescrites sous peine de
nullité.

SECTION III. — Plan et divisions de ce travail.

Tout ce qui concerne l'office ou la mission du juge
est d'une telle importance que le législateur du Code
civil, qui n'avait certes point la prétention de faire œuvre
doctrinale ou scientifique mais œuvre pratique, s'est
préoccupé dès l'abord (1) de marquer au juge son véri-

(1) Même avant les articles 4 et 5 que nous commenterons bientôt,
on peut dire que le législateur s'était préoccupé de l'office du juge.
Qu'est-ce en effet que l'article 2 du Code civil? C'est un principe qui
lie le juge chargé d'appliquer la loi. Comme l'a proclamé la Chambre des
requêtes dans son arrêt du 15 avril 1863 (D. 63. 1. 401), ce n'est point
un principe constitutionnel. C'est, comme l'enseignent Demolombe et
après lui tous les auteurs, une disposition législative ordinaire qui enjoint au magistrat d'interpréter et d'appliquer les lois de manière à ne
point leur donner un effet rétroactif, à moins que le législateur n'ait
exprimé une volonté contraire. On sait que l'office du juge repose ici

table office. Il lui rappelle dès les premiers articles ce
qu'il doit faire et ce qu'il doit éviter : juger, ne point
légiférer. Il lui impose l'obligation positive de rendre
la justice et il lui intime la défense de la rendre autrement que par des décisions particulières sur des litiges
déterminés. Le Code civil dit au juge : vous appliquerez
la loi, vous ne la ferez point, vous prononcerez des sentences, vous n'édicterez pas de règlements.

Henrion de Pansey, dans un passage devenu classique
et que se sont approprié presque tous les commentateurs du Code civil, a mis supérieurement en relief la
différence qui distingue la loi des jugements. « La loi,
dit-il (1), détermine les droits qui appartiendront aux
citoyens, les jugements déclarent ceux qui leur appartiennent : la loi règle les actions futures, les jugements
statuent sur les actions intentées et portées devant les
tribunaux. Enfin la loi est générale : elle commande à
tous, elle est la même pour tous et les jugements ne
renferment que des décisions particulières qui varient
comme les circonstances et n'ont d'efficacité que pour
ceux qui les obtiennent. Ainsi, par la nature même des

sur une distinction classique et traditionnelle entre les intérêts privés
et les droits acquis. Ce sont ces droits que l'article 2 du Code civil interdit au juge de méconnaître et de compromettre et c'est sur le caractère de ces droits qu'il devra se régler pour assurer ou non la prédomi-
nance de la loi nouvelle sur la loi ancienne.

L'article 3 du Code civil rentre également et au premier chef dans
l'office du juge, alors qu'il s'agit pour lui, en tant que juge français,
d'appliquer les lois d'un autre pays ou de statuer en cas de conflit de
ces lois avec les nôtres. On sait que le Code civil est loin de contenir
sur cette matière si importante et de jour en jour plus usuelle un ensemble complet de législation et que la science du droit international
privé prend actuellement une extension de plus en plus rapide et considérable.

(1) *De l'autorité judiciaire*, p. 434.

choses, une loi ne peut pas être un jugement, comme un jugement ne peut jamais porter le caractère des lois. »

De même qu'il y a de bonnes et de mauvaises lois, il y a aussi de bons et de mauvais jugements ; mais le malheur est qu'il n'est pas de recette pour apprendre à bien juger, alors que l'expérience témoigne qu'il n'est rien de plus difficile. Il semble également que rien ne devrait être plus expéditif, et, pour peu que l'on prête l'oreille aux doléances des plaideurs, voire même aux appréciations des indifférents, on peut constater que les lenteurs de la justice sont devenues proverbiales. Ces lenteurs ne tiennent certainement pas à la nonchalance des juges : elles sont la conséquence inévitable d'une situation qui a été fort bien observée et décrite par celui de nos anciens jurisconsultes qui a le mieux connu les conditions d'une bonne justice et les devoirs de ceux qui ont pour mission de la rendre, celui enfin que Daguesseau appelait, pour cette raison sans doute, le jurisconsulte des magistrats.

« Comme l'ordre judiciaire, disait-il (1), ne doit tendre qu'à faire connaître la vérité et à donner lieu aux parties de la faire voir et d'établir leurs droits, la manière la plus simple et la plus naturelle en laquelle cet ordre devrait consister serait que les parties vinssent au juge expliquer le fait de leur différend, et que les ayant entendues il leur rendît sur le champ la justice qui leur serait due : mais cette voie n'est en usage parmi nous que pour quelques légers différends entre pauvres gens, où il ne s'agit que de peu de chose et qu'ils peuvent eux-mêmes expliquer au juge : mais toutes les autres

---

(1) Domat, *Droit public*, L. IV. Des différentes manières de terminer les procès et de l'ordre judiciaire.

affaires ne se terminent pas en si peu de temps ni si aisément, mais elles sont d'ordinaire allongées et embar-
rassées par toutes les difficultés qu'on y voit multipliées
en tant de manières ; et il n'est pas étrange que Dieu ait ré-
pandu toutes ces épines sur une voie où les démarches
de la plupart ne sont que des mouvements d'avarice,
d'ambition, de haine, de vengeance et des autres passions
et où ils ne se conduisent que d'une manière propor-
tionnée à ces mouvements qui engagent au mensonge,
à la calomnie, aux chicanes et à toutes les espèces d'injustice qu'on voit se multiplier dans tous les procès.»

Ce tableau qui n'est point de fantaisie mais qui a été
peint d'après nature et de main de maître, suffit à donner une idée générale mais suffisante des difficultés que
rencontre le juge dans l'exercice de son ministère. Mais
les lois sont venues à son aide, sinon pour lui tracer la
règle de tous ses devoirs, du moins pour lui donner des
indications qui l'aideront à les remplir. L'essentiel est
donc pour lui de connaître exactement en quoi consiste
son office. « Le terme d'office, écrivait au siècle dernier
un jurisconsulte que nous avons déjà cité (1), signifie
la règle que chacun doit suivre pour s'acquitter des devoirs auxquels son état l'engage : c'est la juste conduite
que chacun doit garder dans sa profession en faisant ce
qui lui est ordonné et en s'abstenant de ce qui lui est
défendu. *Officium est quod unusquisque efficere debet
ut nulli officiat : est mensura actuum agendorum vel
omittendorum.*

« Celui d'un juge en particulier consiste ou dans le
caractère de ses mœurs ou dans l'exercice de son minis-

(1) Dantoine, *Commentaire des règles du droit civil*, etc., p. 498,
Prég. CLXX.

tère. Le premier lui prescrit un désintéressement parfait, une probité à l'épreuve de tout et un désir pressant de se rendre habile dans la science des lois. Le second lui attribue le pouvoir de connaître des causes qui sont de sa juridiction et de les terminer par de justes jugements. » Nous ajouterons : soit que les plaideurs contestent devant lui la vérité de certains faits ou les conséquences juridiques qu'ils en tirent.

« On appelle questions de fait, disait encore Domat, celles où il s'agit de faire connaître la vérité des faits, et on appelle questions de droit celles où il s'agit du raisonnement sur les faits dont on convient pour en tirer les conséquences qui peuvent servir aux droits des parties. Les questions de fait se résolvent et se décident par les preuves qui font connaître la vérité des faits contestés. »

. C'est dire qu'à l'office du juge se rattache très méthodiquement, suivant la remarque de M. Accarias (1), la théorie des preuves, car c'est devant lui qu'elles se produisent et c'est lui qui est chargé de les apprécier. Nous aurons donc à nous occuper de l'office du juge en matière de preuves, autrement dit des règles qu'il devra observer en recherchant la vérité des faits.

Mais indépendamment des faits, fondement de toute discussion juridique contentieuse, les procès soumettent fréquemment au juge des conventions sur le sens desquelles les plaideurs sont en désaccord ou d'une manière plus générale des actes qu'il s'agit également d'interpréter ; de là les règles d'interprétation posées par la loi elle-même soit qu'il s'agisse des conventions qui sont des lois particulières ou de la loi dont le véri-

(1) T. II, p. 915, n° 776.

table sens ne reste que trop souvent obscur ou incertain.

Tous les éléments qui concourent ainsi à l'élaboration d'un procès ayant été soumis au juge et par lui vérifiés, examinés, discutés et appréciés, le moment est venu pour le magistrat de faire son œuvre capitale et décisive : rendre la sentence. C'est le dernier acte de la juridiction contentieuse proprement dite, celle qui se concentre dans le double droit de connaître des procès et de les terminer par des jugements. C'est la seule dont nous voulons nous préoccuper. Il ne sera donc question dans cette étude ni des erreurs du juge ni des manières de les réparer, ni de l'exécution des jugements. Notre tâche doit se borner à suivre le juge dans l'exercice de son ministère du moment où il prend connaissance du litige (*notio*) jusqu'à l'heure où il se dessaisit par une sentence. Entre ces deux termes, quel est son rôle et quelles sont les règles que le législateur lui a tracées pour l'aider à le mieux remplir? Nous nous proposons uniquement de répondre à cette double question.

Comme nous en avons déjà fait l'observation, il est, en ce qui concerne l'office du juge, deux ordres d'idées qu'il faut se garder de confondre et que Dantoine a parfaitement distingués (1). L'un se réfère aux devoirs professionnels du magistrat, l'autre aux règles qu'il doit observer dans l'administration proprement dite de la justice. Henrion de Pansey semblait ne s'y être point trompé, lorsque, dans la rubrique du chapitre X de son ouvrage, il parlait en même temps des devoirs des juges et des règles qu'ils doivent suivre dans l'exercice de leurs fonctions. Mais quand on y regarde de près, on

_____

(1) Voyez *suprà*, page 36.

ne tarde pas à se convaincre que l'illustre auteur ne s'est nullement préoccupé de l'*officium judicis* proprement dit (1). Tout se réduit dans ce chapitre à des préceptes généraux empruntés à l'Hôpital ou à Daguesseau et à des règlements particuliers tirés des ordonnances royales. Ces règlements ont survécu pour la plupart à l'ancien régime et la doctrine moderne s'est efforcée de leur emprunter un classement, dans l'ordre logique, des principaux devoirs des magistrats (2). M. Garsonnet (3) les a ramenés à quatre obligations.

« La première, dit-il, est de juger, car s'il est interdit aux citoyens de se faire justice à eux-mêmes, il faut du moins qu'ils soient assurés de trouver des juges.

« La seconde obligation est de juger en conscience. Il est à peine besoin de dire que le dol et la fraude prévus par l'article 505, § 1, du Code de procédure civile, c'est-à-dire le fait de juger contrairement à la justice par affection, animosité ou intérêt personnel ou de se faire payer par une partie pour prononcer en sa faveur sont les faits les plus répréhensibles qu'un magistrat puisse commettre. Ce n'est même pas assez qu'il soit intègre, il faut encore qu'il soit à l'abri du soupçon et la loi lui prescrit d'éviter, avec les parties qui sont en instance devant lui, des relations qui pourraient faire douter de son impartialité » (C. pr. civ., art. 378, 8°).

---

(1) Il n'existe, à notre connaissance, qu'une seule monographie spéciale sur ce sujet. Elle a pour auteur un magistrat, M. Krug Basse, et pour titre « De l'office du juge en matière civile ». Manuel théorique et pratique à l'usage des magistrats composant les juridictions civiles. Cosse, édit., 1862.

(2) Voyez Dalloz, *Rép.*, V° *Organisation judiciaire*, ch. II, sect. I, art. 1, § 2.

(3) T. 1, p. 225.

« La troisième obligation du juge est de se décider uniquement d'après les résultats de l'instruction et non d'après la connaissance personnelle qu'il peut avoir de l'affaire (1).

« La quatrième est de garder religieusement le secret des délibérations auquel il est obligé par serment, et d'accepter, en s'abstenant de faire connaître son opinion personnelle, la responsabilité du jugement auquel il a concouru. »

Cette classification, toute scientifique qu'elle puisse être, ne saurait servir de cadre à ce travail, car en même temps qu'elle comprend des prescriptions qui ne se réfèrent point à l'*officium judicis* proprement dit, elle laisse en dehors de ses grandes lignes les principales règles éparses dans nos Codes et spéciales à cet office. Il est toutefois deux de ces prescriptions, la première et la troisième, qui rentrent dans le cercle de notre étude et nous demanderont quelques développements quand nous traiterons du déni de justice et de la preuve.

Mais si l'obligation de juger et la sanction que lui donne l'article 4 du Code civil, s'imposent les premières à notre examen, soit dans l'ordre logique des faits, soit dans l'ordre numérique des textes, il est, croyons-nous, une autre règle primordiale que le juge doit observer avant d'entrer dans l'étude proprement dite du procès, c'est de se renfermer dans les limites de sa compétence. En d'autres termes, avant de juger, le juge doit se demander s'il a ce droit et son premier devoir consiste dès lors à vérifier sa propre compétence. Mais affirmer sa compétence ou la nier c'est déjà faire œuvre de juri-

_____

(1) *Ibid.*, p. 226, note 15 et les autorités citées.

diction et l'hommage que le magistrat rend ainsi à la loi en refusant de statuer sur un différend dont elle lui enlève la connaissance, n'a rien de commun avec le déni de justice qui constitue un délit.

Enfin le Code civil dans son titre préliminaire défend aux juges par son article 5 de prononcer par voie de disposition générale et réglementaire sur les causes qui leur sont soumises.

Cette disposition, comme la précédente, exigera quelques développements et nous amènera à traiter aussi d'une autre obligation primordiale qui s'impose aux magistrats, celle de ne point troubler l'action des autorités administratives et de respecter ainsi le principe fondamental de notre constitution politique : la séparation des pouvoirs.

L'examen de ces quatre premières prescriptions fournira matière à la première partie de ce travail et à quatre chapitres.

Une seconde partie sera consacrée à l'office du juge dans les causes de droit commun les plus fréquemment soumises à son appréciation et qui soulèvent soit des questions de fait ou de droit, soit des questions d'interprétation ou de preuve. Nous aboutirons ainsi à l'acte capital par lequel le juge termine sa mission et épuise le pouvoir de juridiction que la loi lui confère, nous voulons dire le jugement.

Nous réserverons enfin pour une section du chapitre relatif au jugement l'étude des règles que le juge doit observer dans l'interprétation de ses propres sentences et, pour un dernier chapitre, celle des principes généraux qui régissent son office lorsqu'il statue en état de référé.

PREMIÈRE PARTIE

DE L'OFFICE DU JUGE QUELLE QUE SOIT LA NATURE DE L'AFFAIRE QUI LUI EST SOUMISE.

———

CHAPITRE PREMIER

DE L'OBLIGATION POUR LE JUGE DE VÉRIFIER SA COMPÉTENCE.

On a essayé dans le chapitre préliminaire de fixer le sens du mot *juridiction*, ce mot en appelle un autre qui est déjà venu sous notre plume et qui appartient au vocabulaire usuel de la pratique des affaires, c'est le mot de *compétence*. « Cette matière, dit Henrion de Pansey (1), est d'un grand intérêt. En effet, on ne verrait pas autant de conflits, autant de variété dans les jugements de compétence, autant de malheureux plaideurs obligés de s'épuiser pendant des années entières en frais et démarches pour savoir enfin quel sera leur juge, si les justiciables et leurs conseils connaissaient mieux la nature des juridictions, si les juges n'étaient pas si souvent incertains sur l'étendue de leur autorité ; si les législa-

(1) *Op. cit.*, chap. XIII, p. 200-201.

teurs traçaient d'une main plus ferme la ligne de démarcation entre les différents pouvoirs. »

Il ne suffit donc pas que des parties en désaccord sur un point de fait ou de droit se présentent devant un tribunal pour qu'il soit tenu de statuer sur leur différend. On lit en effet dans l'article 168 du Code de procédure civile, que la partie qui aura été appelée devant un tribunal autre que celui qui doit connaître de la contestation pourra demander son renvoi devant les juges compétents.

Qu'est-ce donc qu'un juge compétent, et, d'une manière plus générale, que la compétence ? On l'a dit (1) excellemment : ce n'est pas le pouvoir de juger, c'est la mesure de ce pouvoir. Jusqu'où s'étend-il quant aux personnes ? Quelle est sa limite quant à la nature et à l'objet des différents litiges ?

En ce qui concerne les personnes, le juge a le droit, en matière civile, de statuer à l'égard de toutes celles qui, étant domiciliées dans sa circonscription, autrement dit sur son territoire, sont citées à comparaître devant son tribunal. C'est ce droit que l'on désigne sous le nom de compétence *personæ* ou *personarum*. Elle dépend uniquement du domicile : elle est établie en faveur des citoyens pour des motifs très connus et qu'il serait superflu de rappeler. Dès lors qu'il s'agit d'une faveur, d'un privilège personnel à tout citoyen domicilié dans l'étendue d'une circonscription judiciaire déterminée, il est loisible à ce citoyen, s'il est cité à comparaître en justice devant un tribunal autre que celui de son domicile, de se prévaloir de ce privilège ou d'y renoncer ; en d'au-

_____
(1) Carré, *Lois sur l'organisation et la compétence des juges civils*, t. I, p. 463.

tres termes d'opposer ou non l'incompétence de ce tribunal, de proposer ou non le déclinatoire. Quel sera dans ce cas l'office du juge ?

Il consistera non point à prononcer le renvoi devant les juges compétents, comme semble le dire l'article 168 précité, mais uniquement à déclarer son incompétence, s'il reconnaît que la prétention du défendeur est justifiée, laissant d'ailleurs au demandeur le soin de se pourvoir ainsi qu'il avisera et devant qui de droit. Le juge n'a point à cet égard d'indication à donner, il n'a qu'une simple déclaration à faire.

L'article 169 ajoute que la partie sera tenue de former cette demande préalablement à toutes autres exceptions et défenses. Qu'adviendra-t-il donc si le défendeur renonçant au privilège personnel que la loi lui accorde s'abstient de former cette demande ? Le juge devra-t-il imiter son abstention et fermer les yeux ? Il le pourra sans doute et rester saisi, mais rien ne l'empêche de reconnaître et de déclarer son incompétence. C'est pour lui une faculté dont il pourra user à son gré, « aucune loi », dit un ancien arrêt de la Chambre des requêtes, « n'obligeant un tribunal à juger des parties qui ne sont point ses justiciables, alors même qu'elles auraient consenti à être jugées par lui » (1). S'il statue en pareille occurrence, le juge statuera légalement, mais s'il déclare d'office son incompétence, sa décision restera à l'abri de toute critique, puisqu'il n'aura fait qu'un légitime usage d'un pouvoir facultatif.

De même qu'il appartient au juge de soulever d'office, dans le silence de la partie intéressée, une exception

(1) 11 mars 1807, D. *Rép.*, Vº *Compétence civile*, nº 227.

d'incompétence *ratione personæ*, de même appartiendrait-il au juge d'appel, également dans le silence de la
partie intéressée, d'opposer d'office à l'exception d'incompétence soulevée pour la première fois devant lui
une fin de non-recevoir tirée de cette circonstance que
l'exception n'avait pas été invoquée devant le juge du
premier degré ?

Cette question s'est présentée assez récemment devant
le tribunal supérieur de la Guyane française qui l'a résolue négativement par un jugement du 10 décembre
1889 (1) qui porte : « Sur l'exception d'incompétence :

« Considérant que, bien qu'elle soit soulevée pour la
première fois en appel, il n'appartient pas au tribunal
supérieur en pareille matière, et dans le silence de la
partie intéressée d'invoquer d'office cette fin de non-recevoir pour rejeter ladite exception. »

Bien qu'un pourvoi ait été formé contre cette décision,
la partie que nous venons de reproduire n'a pas été déférée à la Cour suprême qui n'a pas eu par conséquent
à s'en expliquer. Mais nous ne pensons pas que la solution consacrée par le tribunal supérieur de la Guyane
pût être l'objet de sérieuses critiques. De même en effet
que le demandeur peut se prévaloir en cause d'appel,
d'une renonciation tacite du défendeur, de même il peut
renoncer à exciper de cette renonciation et accepter le
débat sur le déclinatoire tardivement proposé. De quel
droit alors et en vertu de quel principe le juge d'appel
suppléerait-il au silence volontairement gardé par l'intimé ? Comme le dit très justement l'annotateur de l'arrêt (2), l'intérêt général ne saurait exiger que des magis-

(1) D. P. 1889.1.449.
(2) Not. 1, *loc. cit.*

trats restent en possession d'un litige sur lequel, en
principe, il ne leur appartient pas de statuer. Si donc,
suivant l'opinion généralement admise, il est facultatif
à un tribunal incompétent *ratione personæ* de se déclarer d'office incompétent, il lui est interdit, ce semble, de
se déclarer d'office compétent quand une exception est
proposée de ce chef, alors même qu'elle le serait après
une défense au fond ou devant les juges d'appel pour la
première fois.

Ici peut se placer l'examen d'une autre question of-
frant un intérêt encore plus pratique et sur laquelle la
Cour de cassation a été récemment appelée à se prononcer. Il s'agissait de savoir si une exception d'incompétence à raison du domicile, présentée devant une Cour
d'appel saisie d'un renvoi après cassation, était non recevable, alors qu'elle n'avait pas été présentée en première instance, et que, devant les premiers juges, la
partie s'était prévalue sans succès d'une exception d'incompétence *ratione materiæ*. Quel était en pareil cas le
devoir du juge de renvoi ? Devait-il accueillir le déclinatoire ou le repousser ? La Cour d'Agen (arrêt du
6 avril 1892) (1), contrairement à la jurisprudence de la
Cour de Paris (arrêt du 27 février 1891) (2) et à l'opinion
la plus généralement admise dans la doctrine, a pensé
que l'exception devait être rejetée pour les motifs suivants :

« Attendu que des qualités comme des motifs et du
dispositif du jugement entrepris et aussi des conclusions
prises par l'appelant en appel devant la Cour de Toulouse, il résulte que Lacroix n'a fait valoir en première

(1) D. P. 1894. 1. 511.
(2) *Ibid.*, note.

instance que l'incompétence en raison de la matière ;
qu'il a ainsi renoncé à faire valoir l'incompétence en raison du domicile ; que la première étant d'ordre public
pouvait être proposée en tout état de cause, tandis que
la seconde devait être formée avant toutes autres exceptions et défenses ; que vainement l'appelant prétendrait
que le déclinatoire *rationc loci* était compris implicitement dans la demande générale de renvoi pour incompétence à laquelle il avait conclu devant les premiers
juges ; que les termes de l'article 169 du Code de procédure civile sont formels et exigent que la partie appelée devant un autre tribunal que celui qui doit connaître de la contestation demande son renvoi *in limine
litis* ; qu'en plaidant d'abord et faisant statuer en première instance sur l'incompétence à raison de la matière,
il s'est donc rendu non recevable en appel à opposer le
second moyen. »

Cette doctrine soumise au contrôle de la Cour de cassation a été consacrée par un arrêt de la Chambre des
requêtes du 26 février 1894 (1) qui décide qu'en déclarant
le sieur Lacroix non recevable à opposer pour la première fois en appel l'exception d'incompétence relative,
l'arrêt attaqué n'a ni violé ni faussement appliqué aucun
des textes visés par le pourvoi.

L'article 170 du Code de procédure civile, prévoyant
le cas où le juge sera incompétent, non plus à raison de
la personne mais à raison de la matière, porte que le
renvoi pourra être demandé en tout état de cause et que
si le renvoi n'est pas demandé le juge sera tenu de renvoyer d'office devant qui de droit. Ici le juge ne doit

---

(1) D. P. 1894.1.511.

même pas attendre que le déclinatoire lui soit proposé ;
son devoir est de se dessaisir, de ne pas juger parce que
son jugement serait nul par défaut de pouvoir. Il s'agit
pour lui de sauvegarder par son abstention le principe
du maintien des juridictions introduit par des motifs
d'ordre public que la doctrine a depuis longtemps mis
en lumière et que la Cour de cassation ne cesse de rappeler depuis son origine. « Il est de principe, disait un
arrêt du 27 messidor an V (1), que l'incompétence à raison de la matière ne peut point se couvrir, en aucun
état de cause, par le consentement des parties, parce que
dès l'origine de l'instance les juges ont été sans pouvoir
ni aucun caractère. »

« Attendu, lisons-nous encore dans un des innombrables arrêts rendus en cette matière par la Cour de cassation, que ce moyen (celui qui est fondé sur l'incompétence *ratione materiæ*) qui intéresse l'ordre des juridictions est d'ordre public, que le tribunal et la Cour
auraient dû le suppléer (2). » Le juge ne doit donc pas
attendre que le déclinatoire lui soit proposé, son rôle est
de prévenir la confusion des juridictions par un dessaisissement prononcé d'office ; c'est pour lui une obligation à laquelle il ne saurait se soustraire sans exposer
sa décision à encourir la censure de la Cour suprême.

A ce premier devoir qui s'impose au juge de vérifier
sa propre compétence se rattache la défense qui lui est
faite d'exercer ses fonctions hors de son siège et de
déléguer sa juridiction. La première de ces prohibitions
se relie à l'idée de territoire que nous avons précédemment analysée. *Extra territorium judicanti,* dit la loi

(1) D., *Rép.*, V° *Compétence,* n° 36.
(2) Civ. cass., 26 avril 1856, D. P. 56.1.310.

i.. — 4

20, D. (*de jurisdictione*, XI, I), *impune non paretur. Idem est si supra jurisdictionem suam velit jus dicere.* Ce principe est et restera éternellement vrai (1). De la définition que nous avons donnée de la compétence, il résulte qu'on peut l'envisager sous un double aspect : 1° au point de vue des attributions du juge qui se règlent d'après la nature de la contestation ; 2° au point de vue du domicile des parties et de la situation de l'objet litigieux. Il faut donc que le lieu où le juge exercera sa juridiction soit exactement déterminé. En dehors de la circonscription assignée au juge, son pouvoir de juridiction s'anéantit, de même que la souveraineté d'un État expire à sa frontière. Il en résulte que toute sentence rendue par un juge en dehors des limites de sa juridiction serait nulle de plein droit, si la preuve de ce fait résultait expressément du jugement. Que si cette preuve ne résulte pas de l'acte lui-même ou s'il y a sur ce point incertitude ou contestation la nullité ne serait prononcée que sur la preuve légale du fait, conformément au droit commun et d'après la maxime que les voies de nullité n'ont pas lieu en France (2).

Ajoutons que le pouvoir ou le droit de juridiction est essentiellement personnel et que le juge ne saurait le déléguer. Tous les auteurs qui ont traité de la juridic-

---

(1) Il importe toutefois de faire remarquer que ce principe n'est pas absolu en ce qui touche l'obligation de statuer sur le siège même et dans le prétoire. Notre législation admet à cet égard un certain nombre d'exceptions. Voyez notamment l'article 1040 du Code de procédure civile en ce qui touche les requêtes ; l'article 808 en matière de référé, l'article 8 du même Code pour les juges de paix et dans le même ordre d'idées la loi du 21 mars 1896 (*J. officiel* du 23) relative à la tenue par les juges de paix d'audiences foraines.

(2) D., *Rép.*, V° *Compétence*, n° 40 ; Poncet, *Des jugements*, t. I, n° 121.

tion ont distingué celle qui est propre au juge de celle
qu'il délègue.

Notabilis est distributio jurisdictionis, disait Vinnius (1), *in proprium, mandatam et prorogatam. Ni-
mirum jurisdictio quædam competit jure proprio,
quædam non jure proprio sed beneficio alterius.*

Cette distinction, comme nous l'avons déjà remarqué,
était d'une haute importance dans la législation romaine
où le pouvoir de juridiction comportait la faculté de
donner des juges (2). De cette distinction naissait une
foule de questions qui ont été examinées par les interprètes mais qui n'offrent plus aujourd'hui qu'un intérêt
historique et de pure curiosité. Qu'est-ce qu'une juridiction déléguée ? Quelle juridiction peut faire l'objet d'une
délégation et au profit de quelles personnes ? A quelles
conditions la juridiction est-elle réputée déléguée ? Tout
cela est de nos jours sans aucun intérêt pratique et nous
pouvons redire avec plus de vérité que Vinnius (3) ne
le disait déjà de son temps et pour son pays : *mos dandi judices apud nos in totum exolevit. Ac neque illud
apud nos moris est ut magistratus delegent auctorita-
tem suam.*

Mais la France n'est pas arrivée subitement et dès
l'origine à cette conception de l'autorité judiciaire. Il a
fallu de longues années pour dégager le principe qui
prévaut aujourd'hui. C'est seulement au XVIe siècle qu'il
triompha grâce aux efforts des jurisconsultes qui illus-
trèrent cette époque si féconde (4). C'est alors seulement

(1) *Op. cit.*, cap. VIII, § 1.
(2) « Jurisdictio, disait Ulpien, est etiam judicis dandi licentia. » L. 3,
D., *de Jurisdict.*
(3) *Op. cit.*, cap. IX, n° 12.
(4) ... siècle des grands hommes et des grandes découvertes, celui

qu'il fut reconnu que nul ne peut exercer l'autorité judiciaire qu'au nom du souverain et sous son contrôle ; que les officiers de justice n'étaient que les dépositaires de cette autorité et qu'ils n'avaient pas le droit de la déléguer.

Mais autre chose est déléguer la juridiction, autre chose le droit de donner commission à un juge différent pour faire certains actes d'instruction tels par exemple que ceux qui sont spécifiés dans l'article 1035 du Code de procédure civile. M. Carré (1) fait justement observer que le consentement des parties ne pourrait même autoriser le magistrat commis pour procéder à quelque acte d'instruction à excéder les bornes de sa commission. De même il faut retenir qu'un tribunal n'est compétent pour délivrer une commission rogatoire que pour l'instruction de l'affaire dont il est saisi et par conséquent pendant le cours de l'instance. Il ne saurait y avoir lieu à la délivrance d'une pareille commission lorsque la contestation est jugée.

« Attendu, dit un arrêt de la Cour d'appel de Paris (2), qu'il ne peut y avoir lieu de délivrer commission rogatoire que dans le cours de l'instance et pour l'instruction de l'affaire, mais que lorsque l'instance est engagée et jugée et qu'il ne s'agit plus que de l'exécution du jugement, c'est à la partie qui l'a obtenu à se pourvoir di-

dans lequel l'esprit humain a déployé le plus de force et de majesté, celui de tous qui a produit les plus grands magistrats et les jurisconsultes les plus profonds ; de tous enfin le plus précieux pour nous parce que nous lui devons nos plus belles lois et nos institutions les plus sages. Henrion de Pansey, chap. XV, p. 211.

(1) T. I, p. 546.
(2) Du 31 août 1825, D. *Rép.*, V° *Compétence*, n° 45, note 1, 2° espèce.

rectement auprès des autorités qui en peuvent ordonner l'exécution. »

Enfin la loi romaine avait posé encore, dans l'ordre d'idées qui nous occupe, un autre principe qui n'a rien perdu de son autorité et qui reste applicable de nos jours; *Ubi semel acceptum est judicium, ibi et finem accipere debet* (1); ce qui signifie que le juge conserve la connaissance du litige dont il est saisi, en dépit des changements qui peuvent se produire soit dans la condition ou le domicile des parties, soit dans les lois relatives à la compétence ou aux formes de la procédure (2)? La jurisprudence a fait de fréquentes applications de ce principe. Nous n'en citerons qu'une seule, déjà fort ancienne, mais à laquelle le rétablissement du divorce a rendu toute son actualité. La Chambre des requêtes décidait en effet le 28 mars 1808 sous la présidence de Muraire que le tribunal seul compétent pour connaître de l'action en divorce, ainsi que des actions qui en étaient la suite nécessaire, était le tribunal du domicile des époux, à l'époque où la demande en divorce avait été introduite: sans que le mari défendeur pût, en affectant de changer de domicile pendant l'instance en divorce, porter atteinte à la compétence de ce tribunal.

« Attendu, porte cet arrêt, que le tribunal seul compétent pour connaître de l'action en divorce est celui du domicile des époux à l'époque où elle est exercée par l'un d'eux ; — Attendu que le demandeur étant domicilié à Anvers lorsque son épouse s'est pourvue contre lui en divorce, il n'appartenait qu'au tribunal civil de cette ville d'en connaître ; — Attendu qu'en affectant de chan-

(1) Marcellus, L. 30, D., *de judiciis et ubi quisque*, V, 2.
(2) Carré, t. 1, p. 350.

ger de domicile pendant l'instance en divorce le mari
n'a pu par ce fait isolé et à lui personnel porter atteinte
à la compétence du tribunal qui en était régulièrement
saisi ; d'où il suit que la demande en règlement de juges
par lui formée sous le prétexte d'une action en nullité
de la prononciation du divorce dirigée par lui contre
son épouse par devant le tribunal de son nouveau domicile, ne peut porter atteinte à la légitimité des poursuites
dirigées par celle-ci contre lui par devant le même tribunal qui avait statué sur la demande en divorce ;
rejette. »

Il va de soi, au surplus, et il n'est pas besoin d'ajouter
que le juge qui se déclare incompétent pour connaître
d'une contestation qui lui est soumise doit s'abstenir
de rendre aucun jugement sur cette contestation à l'é-
gard de laquelle tous ses pouvoirs se trouvent épuisés
par le fait seul de la déclaration d'incompétence. Il doit
même, comme on l'a dit plus haut, s'abstenir de renvoyer
le procès au tribunal qui lui paraît devoir en connaître,
car il n'a pas le pouvoir de le saisir. C'est aux parties à
porter elles-mêmes leur contestation devant le juge
compétent.

Ce juge, une fois trouvé et saisi, aura le devoir de statuer sous peine de se rendre coupable de déni de justice.
Nous expliquerons dans le chapitre suivant ce qu'il faut
entendre par ces expressions.

CHAPITRE II

DU DÉNI DE JUSTICE ET DE L'INTERDICTION DE PRONON-CER PAR VOIE DE DISPOSITION GÉNÉRALE ET RÉGLE-MENTAIRE.

Nous sommes ici en présence du devoir essentiel et primordial du juge, celui dans lequel se résume toute sa mission et dont l'accomplissement constitue toute sa raison d'être : le devoir de juger. Toutes les législations ont proclamé ce devoir tandis que jurisconsultes et moralistes en faisaient à l'envi ressortir l'importance. Il faut que tout citoyen puisse compter sur le concours empressé de la justice lorsqu'il est obligé de l'invoquer, « *ne auxilium denegetur juste deprecantibus* » disait la loi romaine (1).

« Ne pas rendre justice quand elle est due, lisons-nous au répertoire de Guyot (2), c'est en quelque façon commettre une injustice ; c'est du moins trahir un de ses devoirs les plus essentiels : c'est manquer à ses concitoyens et tromper la bonne foi du souverain qui se repose sur ses juges de l'exercice de la portion la plus noble de son autorité qui est la justice. »

« Il y a déni de justice, dit M. Garsonnet (3), lorsque,

---

(1) L. I, D., *de his qui sui vel alieni juris sunt*, 1-7.
(2) V° *Déni de justice.*
(3) T. 1, p. 225.

après trois réquisitions adressées par huissier aux juges, en la personne du greffier, à l'intervalle de trois jours s'il s'agit d'un juge de paix, de huitaine s'il s'agit d'un autre tribunal, les juges négligent de juger une affaire en état et en tour d'être jugée (1), refusent de juger en alléguant le silence, l'obscurité ou l'insuffisance de la loi, ou, enfin, en ne répondant pas les requêtes. »

Le déni de justice ne consiste donc pas à « la faire attendre » mais à la refuser absolument, ce qui est d'ailleurs un cas assez rare. On peut dire que notre législation n'a rien négligé pour le prévenir. Dès les premières lignes du Code civil il est formellement enjoint au juge de suppléer, quand il le faut, au silence de la loi. « Moins préoccupé de sa prérogative que de l'expédition des affaires et de la tranquillité des citoyens, non seulement notre législateur autorise les juges à prononcer sur les questions qui ont échappé à sa prévoyance, mais il leur en impose l'obligation, mais il veut que le juge qui refuserait de juger sous prétexte du silence, de l'obscurité ou de l'insuffisance de la loi soit poursuivi comme coupable du déni de justice (2). »

Ce sont les termes mêmes de l'article 4 du Code civil, qui prévoit ainsi un premier cas de déni de justice ; mais, d'après la définition que nous a précédemment donnée M. Garsonnet, ce cas n'est pas le seul. Il y a

---

(1) C'est le cas de rappeler ici cette pensée de La Bruyère d'un tour si ingénieux et d'une forme si piquante : « Le devoir des juges est de rendre la justice, leur métier de le différer. Quelques-uns savent leur devoir et font leur métier » (*De quelques usages*).

Et le moraliste avait déjà dit : « Une circonstance essentielle de la justice que l'on doit aux autres c'est de la faire promptement et sans différer : la faire attendre c'est injustice » (*Des jugements*).

(2) Henrion de Pansey, *op. cit.*, chap. XXIV, sect. II, p. 435.

encore déni de justice aux termes de l'article 506 du
Code de procédure civile, lorsque les juges refusent de
répondre aux requêtes ou négligent de juger les affaires
en état ou en tour d'être jugées.

L'article 507 du même Code indique comment le déni
de justice devra être constaté, et l'article suivant porte
qu'après deux réquisitions le juge pourra être pris à
partie. Le refus de juger constituant un délit proprement dit, puni comme tel de peines correctionnelles, il
importe d'en bien préciser les caractères. Quand peut-on
dire en réalité que la justice est déniée ? C'est lorsqu'il
n'intervient pas de sentence. « Attendu, porte un arrêt
fort ancien de la Chambre des requêtes, qu'on ne peut
reprocher à l'arrêt dénoncé aucun déni de justice puisqu'il a statué définitivement en déclarant le demandeur
non recevable. »

Nous avons vu que les articles 4 du Code civil et 506
du Code de procédure civile, prévoyaient trois cas de
déni de justice, mais ces dispositions ne sont pas limi-
tatives puisqu'il résulte de l'article 185 du Code pénal
que le déni de justice est punissable, sous quelque prétexte qu'il se soit produit.

D'après certains auteurs, notamment d'après Toullier
(t. 1, n° 147) et Marcadé sur l'article 4 du Code civil,
cette disposition ne serait point applicable en matière
pénale où a prévalu un principe différent d'après lequel
les juges ne peuvent jamais suppléer au silence de la loi
et doivent prononcer le renvoi de l'inculpé dans le cas
où le fait incriminé ne serait point défendu par une loi
(art. 364, C. inst. crim.). Mais on a fait justement observer qu'il n'existe aucune contradiction entre les deux
principes puisque l'article 185 du Code pénal reproduit

les termes de l'article 4 du Code civil, *même du silence ou de l'obscurité de la loi* et qu'au surplus, d'après la règle que nous avons posée plus haut, renvoyer l'accusé absous c'est juger et par conséquent c'est ne pas commettre un déni de justice. M. Demolombe (1) l'a fort bien démontré. « Si on veut dire que le juge ne peut alors étendre la loi, l'appliquer par induction, par analogie d'un cas à l'autre, cela est incontestable ; mais le juge saisi en matière criminelle n'en doit pas moins aussi nécessairement prononcer sur la cause qui lui est soumise. Seulement, s'il n'y a pas de loi applicable au fait, il renverra l'accusé ou le prévenu, mais en cela même il statuera, il jugera entre le ministère public et l'accusé (2). » Concluons donc que la règle posée dans l'article 4 du Code civil, trouve son application en matière pénale aussi bien qu'en matière civile.

Comme nous l'avons vu plus haut, on s'est demandé si le juge incompétent commettait un déni de justice en refusant de retenir la connaissance d'un procès introduit par des parties qui ne sont point ses justiciables, à raison de leur domicile, lorsque celles-ci sont d'accord pour lui soumettre leur contestation, en d'autres termes si la prorogation de compétence lorsqu'elle est valablement consentie par les plaideurs est obligatoire pour le juge. La même question se pose lorsque ces plaideurs sont des étrangers. Quel est dans ces hypothèses le devoir du juge ? Doit-il statuer ? Peut-il, au contraire, sans s'exposer à commettre un déni de justice s'abstenir de prononcer ?

Pour décider que l'obligation de statuer s'impose au

(1) T. I, n° 112.
(2) Cf. Garsonnet, t. I, p. 225, note 13.

juge en pareil cas, on invoque l'article 7 du Code de procédure civile aux termes duquel les parties pourront
toujours se présenter volontairement devant un juge de
paix, auquel cas il jugera leur différend... encore qu'il
ne fût pas le juge naturel des parties, ni à raison du domicile du défendeur, ni à raison de la situation de l'objet
litigieux. Il n'est pas douteux que par ces mots : « il
jugera leur différend », la loi entend imposer au juge
l'obligation de prononcer, mais peut-on par analogie
étendre cette obligation aux tribunaux de première instance ? De très bons esprits l'ont pensé. C'est ainsi que
M. Rodière (1) notamment enseigne l'affirmative dans
les termes suivants : « les juges doivent tous leurs mo-
ments aux particuliers qui demandent justice ; s'ils ont
trop de travail le gouvernement y pourvoit en créant des
chambres temporaires, et nous ne concevons pas comment les juges des tribunaux civils mieux rétribués que
les juges de paix pourraient, au grand détriment des
parties qu'ils obligeraient à se pourvoir sur nouveaux
frais, rejeter un surcroît d'occupations qu'un juge de
paix, dans des circonstances analogues, ne saurait décliner d'après la doctrine généralement reçue. » Ces
considérations ont certainement leur force, mais est-il
permis de raisonner par analogie en se fondant sur une
disposition toute spéciale à un tribunal d'exception ?
Boitard (2) hésitait à le penser. « Il est à mes yeux plus
que douteux, disait-il, que les parties puissent par leur
consentement, même formel, imposer à un tribunal incompétent, quoique seulement incompétent *ratione*
personæ, l'obligation de les juger ; nous ne trouvons pas

(1) T. I, p. 138.
(2) Boitard, Colmet-Daage et Glasson, *Sur l'art.* 7, t. I, p. 596.

pour les tribunaux ordinaires cette disposition impéra-
tive de l'article 7 pour les juges de paix. Telle était aussi,
comme on l'a vu précédemment, la considération qui
avait paru décisive à la Cour de cassation lorsqu'elle
fut appelée à se prononcer pour la première fois sur la
question le 11 mars 1807.

La même divergence s'est produite entre certains auteurs et la jurisprudence relativement aux contestations
qui s'élèvent entre étrangers. Plusieurs jurisconsultes
et notamment MM. Massé (1) et Fœlix (2) soutiennent
que, même en matière civile et dans tous les cas, la
compétence des tribunaux français entre étrangers est
absolue et nécessaire. Mais d'autres auteurs parmi lesquels il faut ranger M. Demolombe (3), ainsi que la jurisprudence soit des cours d'appel soit de la Cour de cassation reconnaissent au contraire aux tribunaux français
le droit de se déclarer d'office incompétents sur les contestations entre étrangers et leur imposent même l'obligation de faire cette déclaration lorsque l'une des parties
oppose l'exception d'incompétence ou lorsque la contestation est sans application à aucun intérêt né en France
(Voir, dans ce sens, Paris, 7 mai 1875, D. P. 76.2.137 et
l'arrêt des requêtes du 7 mars 1870, D. P. 72.1.326).
Remarquons que l'article 4 du Code civil ne prévoyait
le déni de justice que de la part des juges proprement
dits. Cette disposition a été complétée par l'article 185
du Code pénal qui prévoit le déni de justice non seulement de la part de tout juge ou tribunal, mais de la part
de tout administrateur ou autorité administrative.

---

(1) *Droit commercial*, t. 2, n° 167.
(2) *Droit international privé,* 4ᵉ édit., t. 1, n° 151.
(3) T. 1, n° 261 et les autorités citées.

Nous avons montré précédemment comment se constate le déni de justice d'après l'article 507 du Code de
procédure civile ; l'article 508 ajoute qu'après deux réquisitions le juge pourra être pris à partie. Il y a donc
deux voies ouvertes à la poursuite du déni de justice, la
voie de l'action civile en prise à partie et la voie de l'action publique de l'article 185 du Code pénal lorsque le
déni de justice se trouve constaté (1). Les réquisitions
seules constituent le juge en demeure et fournissent la
constatation légale du déni de justice. Ces réquisitions
sont indispensables aux termes de l'article 509 du Code
de procédure civile qu'il s'agisse d'un juge de paix, de
tribunaux de commerce ou de première instance ou de
quelqu'un de leurs membres, d'un juge d'appel ou d'un
juge de Cour criminelle. L'ordonnance de 1667 n'exi-
geait de réquisitions que pour les juges de première instance ; lorsqu'elles se trouvaient en présence d'un juge
d'appel, les parties devaient s'adresser au chancelier.

« Dans l'ancienne législation, disait Bigot-Préameneu
(dans la séance du 7 avril 1806), les sommations de
juges ne pouvaient être faites qu'aux juges dont la juridiction n'était pas en dernier ressort. On n'avait à l'égard
de ceux dont les jugements étaient souverains d'autres
ressources que de porter ses plaintes au chancelier ou
au conseil du roi. On arrêtait ainsi le cours de la justice
par égard pour la dignité des magistrats. Mais la dignité de la justice ne serait-elle pas dégradée si, en
considération de ses ministres, sa marche était variable
et chancelante ? Ne doit-on pas encore observer que des
juges souverains ordinairement placés dans un plus

_____

(1) D. Rép., V° Déni de justice, p. 22.

grand tourbillon d'affaires, et moins rapprochés des
plaideurs que les autres juges sont plus exposés à laisser
contre leurs intentions, des parties en souffrance? Peut-
être aussi avait-on peine à concilier l'idée de respect envers les magistrats avec l'idée qu'emportait l'expression
même de sommation. Un acte de réquisition ne pourra
blesser la dignité d'aucun juge. C'est ainsi que la législation moderne a raffermi la confiance des justiciables
sans qu'on ait vu résulter de là des exemples qui aient
altéré en rien les sentiments de respect qu'inspirent en
France, plus qu'en toute autre partie de l'Europe, l'impartialité, l'exactitude et l'extrême délicatesse des magistrats (1). »

Nous avons déjà dit que le déni de justice pouvait
donner lieu à une poursuite correctionnelle. A quelles
conditions cette infraction si grave au devoir du juge
prendra-t-elle le caractère d'un délit? Il faut non seulement une mise en demeure du juge, une réquisition de
la part du justiciable, mais encore une persistance à dé-
nier justice après avertissement de l'autorité supérieure.
Il en résulte que si le justiciable veut se borner à obtenir la réparation du préjudice dont il a souffert par la
voie de la prise à partie, il n'aura pas besoin de provoquer une injonction de la part de l'autorité judiciaire
supérieure. Mais si l'action a été portée devant les tribunaux de répression, nous n'hésitons pas à penser
avec M. Carré (2) que rien n'empêchera la partie de s'y
constituer partie civile, conformément au droit commun,
pour obtenir la réparation du préjudice que le déni de
justice lui a causé. En permettant de prendre le juge à

(1) Locré, *Esprit C. pr.*, 1ʳᵉ partie, l. 4.
(2) T. 1, n° 32.

partie la loi soumet ce dernier à la réparation du dommage occasionné par sa faute.

Dans tous les cas, le juge pris à partie et condamné de
ce chef ne serait plus exposé aujourd'hui à subir le
traitement qu'infligeait un capitulaire de Charlema-
gne (1) au seigneur ou au comte qui avait refusé d'assembler son tribunal et de rendre la justice. L'envoyé
du roi s'établissait chez lui avec toute sa suite et y vi-
vait à ses dépens jusqu'à ce qu'il eût réparé ses torts.
Si vassus noster, porte ce texte, *justitiam non fecerit,
tunc et comes et missus noster ad ipsius casam sedeant
et de suo vivant quousque justitiam faciat.*

Le modeste traitement de nos juges actuels suffirait
difficilement à faire face à de tels procédés de réparation.

Nous croyons superflu d'ajouter que le déni de justice
est un fait et surtout un délit extrêmement rare et que le
juge est beaucoup plus enclin à étendre sa juridiction
au delà de ses limites qu'à se renfermer dans une abstention systématique. Aussi le législateur, après avoir
rappelé que son premier devoir était de juger, a-t-il pris
soin de lui interdire toute décision qui, au lieu de porter uniquement sur le cas particulier soumis à son examen, s'étendrait à des cas hypothétiques et prendrait le
caractère d'une disposition générale et réglementaire.
Ces deux prescriptions se complètent l'une par l'autre
et la seconde n'est que le corollaire de la première. Après
avoir garanti l'exercice régulier de l'autorité judiciaire
il importait de prévenir ses empiétements sur le domaine législatif. C'est ce qu'a fait l'article 5 du Code

(1) Capit. de l'an 879, art. 4.

civil qui défend aux magistrats de donner à leurs décisions la force d'un règlement applicable à tous les cas analogues qui peuvent se présenter (1).

Cette préoccupation du législateur s'est encore manifestée depuis la promulgation du Code civil lors de l'élaboration de la loi du 1er avril 1837 qui attribue à l'arrêt de seconde cassation rendu toutes chambres réunies la force d'obliger la Cour ou le tribunal auquel l'affaire est renvoyée, à se conformer à la solution donnée par la Cour suprême sur le point de droit qui lui était soumis. Au moment de la discussion de cette loi, d'aucuns auraient voulu que l'arrêt des chambres réunies constituât une sorte d'interprétation légale, obligatoire non seulement pour la juridiction de renvoi, mais pour tous les tribunaux, y compris la Cour de cassation elle-même. Le respect du principe de la séparation des pouvoirs fit reculer le législateur devant cette conséquence dont l'unité de jurisprudence n'aurait pu que bénéficier. Mais il suffit d'une allusion à cette question dont le développement ne saurait ici trouver place.

Par la disposition de l'article 5 du Code civil le législateur a prévu et formellement prohibé l'immixtion de l'autorité judiciaire dans le fonctionnement du pouvoir

---

(1) Voyez Merlin, *Répertoire*, V° *Arrêt*. « Nos lois, disait un éminent avocat dans un discours récent que nous avons déjà cité (voyez *supra*, p. 8), nos lois ont pris toutes les précautions imaginables pour confiner les juges dans leurs prétoires. Les articles 127 et suivants du Code pénal leur interdisent à peine d'amende, de forfaiture, de dégradation civique, de s'ériger en législateurs et en administrateurs. Sans arriver jusqu'à ces menaçantes dispositions il suffit de lire au frontispice de nos Codes, l'article 5 du Code civil : « Il est défendu au juge de prononcer par voie de disposition générale et réglementaire sur les causes qui leur sont soumises. V. p. 7.

législatif (1). Il n'y a point de liberté, avait dit Montesquieu, si la puissance de juger n'est pas séparée de la
puissance législative. En dépit de sa profondeur et de
sa sagesse cet aphorisme, devenu banal depuis la constitution de 1791, n'avait point prévalu sous l'ancien régime où les Parlements avaient commis sur le terrain
du pouvoir législatif les plus larges usurpations. C'est
ainsi qu'ils s'étaient arrogé le droit de prononcer ces
fameux arrêts de règlement par lesquels, dit M. Demolombe (2), les cours souveraines déclaraient d'avance et
d'une manière générale comment elles décideraient telle

(1) On pourrait citer de nombreux exemples de dispositions régle-
mentaires prises par les tribunaux au mépris des prohibitions de l'article 5 du Code civil. Nous nous bornerons à en rappeler deux, l'un à
cause de son caractère usuel, l'autre en raison de l'importance de la
corporation qu'il met en jeu et de la solennité des débats auxquels il a
donné lieu devant la Cour de cassation. Il s'agit dans la première espèce du fait, par un tribunal civil, en cas de décès ou d'empêchement
du juge de paix ou du suppléant, de déléguer par forme réglementaire
et sans aucune demande des justiciables ni conclusions du ministère
public, le juge de paix du canton voisin pour en remplir les fonctions
dans le siège vacant (Dall., *J. G.*, Vo *Compét. adm.*, 75-1o; Req., 5 mai
1831 et civ., 4 mars 1834).

La seconde espèce se réfère à une question mémorable jugée le 25 juin
1850 par la Chambre des requêtes sur les conclusions de Dupin (D. P.
1850.1.228). L'arrêt intervenu dans cette affaire porte que la décision
prise en assemblée générale par un tribunal de commerce, dans le but
de créer un corps d'agréés près le tribunal, de régler leur nombre,
leurs attributions, l'organisation de leur chambre syndicale, leur cos-
tume, le serment qu'ils doivent prêter et le tarif de leurs émoluments
est nulle, soit comme constituant un empiétement sur les droits du gouvernement et de l'autorité administrative, soit comme ayant le caractère
d'une décision générale et réglementaire.

A l'occasion de cette affaire le Procureur général Dupin démontra que
la corporation des agréés près les tribunaux de commerce n'a point
d'existence légale et qu'elle ne repose que sur un usage ancien et de
pure tolérance ; ce qui ne l'empêche pas de rendre à la justice consu-
laire d'inappréciables services.

(2) T. 1, p. 134, no 109.

ou telle question dans l'étendue de leur ressort. C'était
faire la loi et non plus l'appliquer ; or le rôle du pouvoir judiciaire consiste uniquement à appliquer la loi
à chaque cas particulier, en vue de terminer un différend
auquel ce cas donne naissance.

Mais remarquons que prononcer dans le silence de la
loi ce n'est point la faire. Tous les jours en effet les
tribunaux ont à statuer sur des cas que la loi n'a point
prévus. Henrion de Pansey (1) a clairement montré que
cette opération ne constituait point un empiétement sur
le terrain législatif. « Cette manière de voir, dit-il, ne
serait juste que sous une législation jalouse qui ferait
aux juges un devoir de suspendre leur jugement et
d'attendre qu'elle eût statué. Grâce au génie qui a pré-
sidé à la rédaction de nos lois, tel n'est pas le Code qu'il
nous a donné. Moins préoccupé de sa prérogative que de
l'expédition des affaires et de la tranquillité des citoyens,
non seulement il autorise les juges à prononcer sur les
questions qui ont échappé à sa prévoyance, mais il leur
en impose l'obligation ; mais il veut que le juge qui
refuserait de juger sous prétexte du silence, de l'obscurité ou de l'insuffisance de la loi soit poursuivi comme
coupable de déni de justice. »

De même que l'article 4 du Code civil, l'article 5 est
sanctionné par la loi pénale (2) qui déclare coupables
de forfaiture et frappe de la dégradation civique les
juges qui contreviendraient à ses prohibitions. Mais
comment pourraient-ils y contrevenir ? Nous touchons
ici à une théorie d'une importance scientifique et d'un
intérêt pratique considérables, celle de l'excès de pou-

(1) *Op. cit.*, p. 435.
(2) Art. 127, C. pén.

voir qui mérite à ce double titre un examen attentif. Ce sera l'objet du chapitre qui va suivre.

Nous ne saurions cependant l'aborder ni abandonner le terrain des articles 4 et 5 du Code civil, sans avoir dit quelques mots, tout au moins, d'une question qui a été fort débattue entre le tribunat et le Conseil d'État lors de la discussion du premier de ces articles et qui se relie étroitement à notre sujet : nous voulons parler de l'office du juge en matière d'usage. En cas d'insuffisance de la loi le juge aura-t-il le droit d'interroger l'usage et d'en faire le fondement de sa décision ? L'argumentation pressante de Portalis (1) fit prévaloir l'affirmative, à l'appui de laquelle on pouvait d'ailleurs invoquer l'autorité traditionnelle des lois romaines (2).

Mais est-ce à dire que l'usage ait en matière civile la même force que la loi ? Evidemment non, et une distinction est ici nécessaire. On s'accorde généralement à reconnaître à l'usage le double pouvoir d'interpréter la loi et de la suppléer quand elle est muette, mais le juge est libre de ne tenir aucun compte de l'usage lorsqu'il n'est pas incorporé dans la loi. En pareil cas l'appréciation du juge est souveraine, ainsi que le proclame un ancien arrêt des requêtes, rendu le 24 décembre 1828 sous la présidence d'Henrion de Pansey, où nous lisons : « Attendu que l'appréciation des circonstances et des usages anciens appartient exclusivement aux cours royales. »

Il en était autrement, d'après Gilbert des Voisins,

(1) Voir Locré, *Législation civile sur l'article 4 du Code civil.*
(2) Voir le texte cité page 4, note 1 de notre introduction don on peut rapprocher celui de la loi 32, D., *de legibus* : *De quibus causis scriptis legibus non utimur, et custodiri oportet quod moribus et consuetudine inductum est.*

dans notre ancienne jurisprudence où la contravention aux usages donnait ouverture à cassation (1). Aujourd'hui, pour que l'usage devienne obligatoire pour les tribunaux, nous pensons, contrairement à l'opinion exprimée par M. Dalloz (2), qu'il doit être consacré par une loi formelle ; celle-ci l'élève alors à sa hauteur et la violation de l'usage se confond avec celle de la loi elle-même. En ce cas le juge est lié par l'usage comme par la loi et une décision qui refuserait d'en tenir compte donnerait ouverture à cassation (3).

(1) Dall., *Rép.*, V° *Cassation*, n° 1401.
(2) *Ibid.*, n° 1405.
(3) On peut citer comme un des exemples les plus récents d'incorporation d'usage à la loi l'article 1780 du Code civil modifié par la loi du 27 décembre 1890 qui a déjà fait l'objet de nombreuses applications en jurisprudence.

CHAPITRE III

La mission du juge, avons-nous dit, expire au jugement. Uniquement institué pour juger, c'est-à-dire pour
mettre fin à une contestation judiciaire par une sentence, le magistrat épuise son pouvoir en la prononçant.
Juste ou injuste sa décision est un acte de l'autorité publique, un jugement proprement dit, pourvu qu'elle
porte sur un objet dont la loi attribue expressément la
connaissance au juge qui l'a rendue (1). *Prætor quoque
jus reddere dicitur*, disait la loi romaine (2),*etiam quum
inique decernit, relatione scilicet facta non ad id quod
ita prætor fecit, sed ad illud quod prætorem facere
convenit.* Mais si le législateur, sur la foi d'un vieil adage, admet que le juge puisse se tromper, il n'admet pas
qu'il puisse sortir de son rôle et commettre une usurpation en statuant sur un objet placé en dehors et
au-dessus de son autorité, au delà des limites de sa juridiction. S'il franchit ces limites, il commet ce que l'on appelle un excès de pouvoir. Dans ce cas il cesse *ipso facto*

---

(1) Il ne faut pas croire, disait Cujas, que tout ce qui est émané de la
part du juge, soit un jugement « non omnis vox, omnis voluntas aut
scriptura judicis sententia est, sed ea tantum quæ causa cognita ab
ipso judice recitantur in breviculo » (Cujas ad titulum codicis, commi-
nationes epistolas et programmata, etc.).

(2) L. 2, D., *de justitia et jure*, L. I.

d'agir en qualité de juge ; sa décision n'a plus aucune valeur. Ce n'est plus un acte de l'autorité publique puisque cette autorité n'appartient plus à quiconque l'usurpe ; sa décision ne mérite plus le nom de jugement ; ce n'est plus qu'un acte sans existence légale et qui doit par suite être réputé nul et non avenu.

C'est dans la constitution de 1791 que nous rencontrons pour la première fois l'expression excès de pouvoir. L'article 27 de cette constitution est ainsi conçu : Le ministre de la justice dénoncera au tribunal de cassation, par la voie du commissaire du roi et sans préjudice du droit des parties les actes par lesquels les juges auront excédé les bornes de leur pouvoir. Le tribunal les annulera, et, s'ils donnent lieu à la forfaiture, le fait sera dénoncé au corps législatif qui rendra le décret d'accusation s'il y a lieu et renverra les prévenus devant la haute cour nationale.

Par cette disposition, dit un illustre magistrat (1), le légistateur avait surtout pour but de protéger les institutions nouvelles contre les envahissements possibles et alors fort redoutés des tribunaux ; c'était un moyen efficace de défendre l'ordre public et d'assurer la séparation des pouvoirs. Aussi retrouvons-nous la même disposition dans les articles 262 et 263 de la constitution de l'an III, et, plus tard, sauf quelques légers changements de rédaction, dans la loi du 27 ventôse an VIII, article 80, et dans le Code d'instruction criminelle, article 441.

C'est l'article 80 de la loi du 27 ventôse an VIII qui

---

(1) M. Delangle, *Encyclopédie du droit*, V° *Cour de cassation*, tit. III, ch. 2, sect. 2, p. 230.

est aujourd'hui le texte fondamental de la matière (1). Il est conçu à peu près dans les mêmes termes que l'article 27 précité, sauf qu'il attribue compétence à la section des requêtes, en matière civile, au lieu de réserver cette compétence à la Cour tout entière, chambres réunies.

Il peut arriver, disait en 1851 M. le Procureur général Dupin (2) devant la Chambre des requêtes, que dans l'exercice du pouvoir que la loi fondamentale leur délègue, les magistrats portent eux-mêmes, soit dans leurs jugements, soit dans d'autres actes judiciaires, une atteinte à l'ordre public. Or, ce sont ces infractions à l'ordre public que peuvent renfermer ces actes ou ces jugements que la Cour suprême est chargée de réprimer sous le nom d'excès de pouvoir, par les lois de son institution et particulièrement en vertu de l'article 80 de la loi du 27 ventôse an VIII.

On voit par là que M. Dupin plaçait sur la même ligne les jugements et les actes, bien que l'article 80 ne mentionne que ces derniers. On n'a jamais contesté en effet qu'il ne s'appliquât aussi aux jugements et c'est ce qui résulte d'ailleurs très clairement de l'article 441 du Code d'instruction criminelle.

Mais comment le magistrat pourra-t-il excéder ses pouvoirs par des actes judiciaires lorsque tout se réduit pour lui à statuer sur une contestation déterminée et

---

(1) Art. 80, L. 27 ventôse an VIII. « Le gouvernement par la voie de son commissaire et sans préjudice du droit des parties intéressées, dénoncera au tribunal de cassation, section des requêtes, les actes par lesquels les juges auront excédé leurs pouvoirs ou les délits par eux commis relativement à leurs fonctions, etc... »

(2) *Réquisitoires*, t. XI, p. 151.

qu'il ne peut se refuser à juger sans se rendre coupable du déni de justice ?

La doctrine se montre en général très sobre de développements à cet égard, de même que la jurisprudence est très pauvre de décisions en cette matière. Il n'est cependant pas sans exemple que le juge ait excédé ses pouvoirs, en dehors de toute contestation judiciaire, par des actes proprement dits constituant de véritables abus d'autorité et un empiétement direct sur la puissance législative (1). C'est ainsi que l'on a vu, il y a longtemps il est vrai, le tribunal d'une très grande ville (2) rendre une sorte d'arrêt portant règlement sur des matières d'ordre et de distribution en contrariété avec le mode déterminé par la loi. C'est ainsi encore que l'on peut citer le fait d'une cour qui, au lieu de se borner à résoudre la question qui lui était soumise de savoir si les employés des domaines peuvent procéder, concurremment avec les commissaires-priseurs, à la vente publique d'effets mobiliers, ajoute qu'à l'avenir les commissaires-priseurs demeureront autorisés à procéder seuls à cette vente (3). Cette décision rentre absolument dans l'hypothèse que prévoit le passage suivant d'Henrion de Pansey (4) : « Cependant il peut arriver qu'après avoir dé-

---

(1) Ainsi le juge excéderait ses pouvoirs par des actes s'il se permettait de statuer pour l'avenir, de faire des règlements généraux ou des statuts de police, de taxer les denrées ou d'ordonner des levées de deniers, de défendre l'exécution d'une loi ou d'un jugement, de contrarier des mesures prises par le pouvoir exécutif, enfin d'intimer des ordres ou des défenses soit aux agents du pouvoir administratif, soit à des tribunaux qui ne lui seraient pas subordonnés. Henrion de Pansey, p. 433.

(2) Lyon, 25 juillet 1827, D. *Rép.*, V° *Avoué*, n° 136.

(3) Req., 22 mai 1832, D. *Rép.*, V° *Compétence administrative*, 74, 6.

(4) *Op. cit.*, p. 436.

cidé le point litigieux le tribunal statue pour l'avenir et par voie de disposition générale. Dans ce cas il y aurait excès de pouvoir, mais il y aurait aussi dans le même contexte deux actes bien distincts, un jugement et un règlement, et c'est dans le règlement seul que résiderait l'excès de pouvoir. L'annulation ne pourrait donc frapper que lui seul, et le jugement, s'il était contraire aux lois, ne pourrait être attaqué que par les voies ordinaires de la requête civile et de la cassation. »

Mais tous les excès de pouvoir n'ont pas un caractère d'usurpation aussi manifeste et aussi absolu ; tous les jours on voit invoquer devant la Cour de cassation l'excès de pouvoir par les parties intéressées elles-mêmes, sans aucune intervention du procureur général et en dehors de la sphère d'application de l'article 80 de la loi du 27 ventôse an VIII.

C'est dans un rapport de M. le conseiller Lasagni qu'a été posé pour la première fois, croyons-nous, le principe de la distinction entre l'excès de pouvoir *sensu stricto* dont il est question dans ledit article et l'excès de pouvoir improprement dit ou *sensu lato*.

« La Cour de cassation, écrivait le savant magistrat (1), a constamment et avec raison distingué le cas où le tribunal était sorti du cercle de ses attributions en empiétant sur les attributions d'un autre tribunal soit en matière civile, soit en matière criminelle, et celui où le tribunal aurait franchi les limites de ses attributions pour empiéter sur celles du pouvoir administratif dans une affaire d'intérêt général. Dans le premier cas la Cour a bien en vue un excès de pouvoir, car ces mots pris

(1) Req., 12 août 1835, S. 1835. I. 599.

dans toute la latitude de leur signification renferment les violations quelconques des règles de la compétence ; mais elle n'y a pas reconnu l'excès de pouvoir dont parle l'article 80 de la loi de ventôse an VIII, et elle n'a pas cru devoir admettre l'action directe du gouvernement autorisée seulement dans l'intérêt général de la société. Dans le second cas la Cour a pensé que la société avait été lésée dans un de ses principes constitutionnels, la division des pouvoirs. Elle a vu alors dans cette atteinte portée à l'organisation sociale l'excès de pouvoir prévu par l'article 80 de la loi précitée. Elle n'a fait aucune difficulté dans ce cas d'admettre l'action du gouvernement pour en demander la réparation prompte, éclatante, telle en un mot que l'exige la loi du 27 ventôse an VIII par son article 80 (1). »

Il résulte de ce qui précède que l'expression excès de pouvoir est susceptible, comme bien d'autres, d'être prise dans une acception étendue et dans un sens restreint D'une manière générale on peut dire qu'il y a excès de pouvoir de la part du juge toutes les fois qu'il sort des attributions nettement déterminées que la loi lui confie. Mais cette formule un peu vague ne suffit point pour expliquer ce que l'on entend par excès de pouvoir dans le langage courant de la pratique judiciaire. Nous savons maintenant ce que cette expression signifie dans l'article 80 de la loi de ventôse an VIII. Que trouvons-

---

(1) M. Tarbé, dans son ouvrage sur les lois et règlements à l'usage de la Cour de cassation, disait de même page 75 : « Devant la chambre des requêtes, c'est dans l'intérêt de ses officiers, de leurs pouvoirs et de leur action que le Gouvernement intervient pour faire réprimer par des voies tout à la fois judiciaires et censoriales l'entreprise exorbitante illégale, incompétente et inconstitutionnelle des tribunaux. »

nous depuis dans la législation, la doctrine et la jurisprudence ?

Les mots excès de pouvoir avaient été considérés à
juste raison comme vagues et mal définis par les rédacteurs du Code d'instruction criminelle. Dans la séance
du corps législatif du 30 novembre 1808, M. Berlier, conseiller d'Etat, s'exprimait ainsi : « Vous ne trouverez
plus l'excès de pouvoir au nombre des nullités, mais
cette suppression d'un mot vague et qui n'a jamais été
bien défini se trouve éminemment remplacée par le maintien seul de la cause de nullité tirée de l'imcompétence,
et s'il convient d'éviter les expressions oiseuses ou re-
dondantes, c'est surtout dans les lois (1).

Et dans le rapport de la commission de législation
présenté au corps législatif sur les mêmes textes, M. Cho-
let, membre de cette commission, disait (2) : « La loi présentée retranche des moyens de nullité admis par le Code
de brumaire ceux fondés sur l'usurpation du pouvoir,
expressions vagues, dont l'interprétation pourrait prêter à l'arbitraire et soumettre à de nouveaux jugements
le fond même des affaires jugées en dernier ressort. »

Cependant ces expressions, excès de pouvoir, usurpation de pouvoir ne tardèrent point à se préciser sous l'action de la jurisprudence, si bien que lorsque fut promul-
guée la loi du 25 mai 1838 sur les justices de paix, l'article 15 de cette loi décida que les jugements rendus par
les juges de paix ne pourraient être attaqués par la voie
du recours en cassation que pour excès de pouvoir.

La loi du 27 ventôse an VIII dans la première partie
de son article 77 statuant sur le même objet avait con-

(1) Exposé des motifs, D. Rép., Vᵒ Cassation, p. 37 et 38, note.
(2) Ibid., p. 39.

fondu et placé sur la même ligne l'incompétence et l'excès de pouvoir ; la loi de 1838 a distingué au contraire
ces deux causes de nullité. Aux termes de son article 14,
l'incompétence n'est plus qu'un moyen d'appel; seul
l'excès de pouvoir donne ouverture à cassation. Il est
donc très important, ne fût-ce qu'à ce point de vue, de
distinguer l'incompétence de l'excès de pouvoir proprement dit.

Un arrêt de la section des requêtes du 10 janvier
1827 (1) établit nettement cette distinction :

« Considérant qu'il y a dans le jugement dénoncé, tout
à la fois incompétence et excès de pouvoir : incompétence, par la raison que l'affaire n'appartenait pas au juge
de paix, excès de pouvoir parce qu'ayant condamné les
gardes forestiers d'une commune traduits en jugement en
qualité de gardes sans l'autorisation préalable du Conseil
d'Etat, il a commis une entreprise sur le pouvoir administratif; considérant que si, à raison de son incompétence, ce jugement n'aurait pu être attaqué que par la
voie de la cassation ou celle du règlement de juge, comme renfermant un excès de pouvoir, il a dû être dénoncé
à la Chambre des requêtes autorisée par l'article 80 de
la loi du 27 ventôse an VIII à annuler indistinctement
tous les actes par lesquels les juges auraient excédé
leurs pouvoirs lorsque son gouvernement les lui défère
par l'organe de son procureur général.

Merlin avait pensé tout d'abord et enseigné dans son
Répertoire (2) qu'il y a excès de pouvoir toutes les fois
qu'un tribunal viole les règles de sa compétence ou qu'il
crée des nullités. Mais plus tard l'illustre jurisconsulte

(1) D., *Rép.*, V° *Cassation*, n° 1041, p. 247.
(2) V° *Discipline*, n° 5.

reconnut l'inexactitude de cette doctrine qui donnait à
l'article 80 de la loi de l'an VIII une portée qui n'était
certes pas dans la pensée du législateur, et revenant sur
son opinion première il se prononçait en ces termes (1) :
« En m'exprimant ainsi je m'abandonnais au torrent
d'une opinion alors très générale sur la nature de l'excès de pouvoir. Mais, il faut le dire, cette opinion n'é-
tait qu'une erreur. Qu'est-ce que l'excès de pouvoir d'un
tribunal ? Rien autre chose que la transgression des limites dans lesquelles la loi a circonscrit son autorité.
Tout ce que le juge fait dans le cercle de ces limites
peut n'être pas également bon, également juste. Exposé
à l'erreur parce qu'il est homme, le juge peut se tromper
sur un fait, sur le sens d'un acte, sur l'intention de la
loi. Il peut, en matière criminelle, condamner un inno-
cent ou absoudre un coupable, lui infliger une peine
qui n'est point celle dont la loi voulait qu'il le frappât. Il
peut, en matière civile, adjuger à une partie ce qui appartient légitimement à l'autre ou refuser à celle-ci le droit de
contraindre celle-là à payer ce qu'elle lui doit. Il peut
même arriver, en matière civile, qu'il sacrifie ses devoirs
à ses passions et qu'il ne soit dans ses jugements que l'organe de la faveur ou de la haine. Dans tous ces cas il y a eu
ou mal jugé ou violation de la loi ou forfaiture, mais il n'y
a pas d'excès de pouvoir. Que faut-il donc pour qu'il y
ait excès de pouvoir ? Il faut que le juge ait franchi le
cercle dans lequel la loi a renfermé le pouvoir qu'elle
lui a confié... Il faut qu'il ait entrepris sur les fonctions
du législateur, soit en faisant une loi, soit en défendant
qu'une loi fût exécutée ou publiée ;... ou entrepris sur

(1) Vº *Divorce*, sect. 10, § 9, p. 661.

les attributions de l'autorité administrative en prenant
connaissance des faits ou des actes que la loi réserve à
son autorité... ou entrepris sur la compétence d'un autre
tribunal en s'arrogeant le droit de juger ses justiciables
ou de prononcer sur des matières dont la loi l'a constitué le juge exclusif. S'il ne fait rien de tout cela, il peut
mal juger, il peut trahir ses devoirs, il peut violer la loi,
mais il n'excédera pas ses pouvoirs ; il en a fait seulement un mauvais usage. »

Il résulte de ce passage que l'incompétence constituerait un véritable excès de pouvoir. Mais M. Delangle
a fait justement remarquer que cela peut être vrai lorsqu'on prend ces expressions *sensu lato*, tandis qu'au
point de vue légal on ne doit pas confondre l'excès de
pouvoir ou l'incompétence, confusion que le législateur
s'est gardé de faire, comme nous l'avons indiqué plus
haut, en rappelant certaines dispositions de la loi du
11 mai 1838.

Il est vrai que les deux expressions « incompétence »
et « excès de pouvoir » sont communément employées
l'une pour l'autre dans le langage courant de la pratique
judiciaire. Il est même rare que la première de ces expressions ne soit pas immédiatement suivie de la
seconde dans la formule des moyens de cassation où
l'on invoque la compétence. Il ne faut cependant pas
assimiler ces deux choses : l'incompétence et l'excès de
pouvoir. Sans doute Henrion de Pansey (1) a pu dire à
bon droit : « Tout excès de pouvoir est une incompétence,
comme toute incompétence renferme un excès de pouvoir : la raison en est que dans l'un comme dans l'autre

_____

(1) Ch. 24, sect. II, p. 441.

cas le juge franchit le cercle de ses attributions. Mais il peut en sortir de deux manières, par des jugements et par des actes ; et il me semble que l'on peut dire que l'incompétence appartient d'une manière plus spéciale aux jugements et l'excès de pouvoir aux actes. »

Le caractère arbitraire de cette distinction entre les jugements et les actes a été depuis longtemps et très justement signalé.

« L'abus de pouvoir, a dit M. Carnot (1), se commet aussi bien par l'abus qu'un tribunal fait de sa compétence, en se permettant de faire une chose qui lui est interdite par la loi, qu'en jugeant une contestation qui ne rentre pas dans ses attributions. » C'est marquer exactement la véritable distinction à faire entre l'incompétence et l'excès de pouvoir ; et pour nous résumer sur ce point nous emprunterons quelques lignes au Répertoire de Dalloz (2) ; « il y a incompétence lorsque le tribunal retient la connaissance d'un procès qui, soit par sa nature ou le chiffre de la demande, soit à raison de l'objet litigieux ou du domicile du défendeur appartient à la juridiction d'un autre tribunal du même ordre ou d'un ordre différent : tandis qu'il y a excès de pouvoir toutes les fois que le juge, fût-ce même à l'occasion d'une affaire de sa compétence, émet une disposition qui dépasse les limites de sa fonction de juge. »

Mais tandis que l'excès de pouvoir spécifié dans l'article 80 de la loi de ventôse ne donne prise à la censure de la Cour de cassation que sur l'initiative gouvernementale dont l'action directe n'est autorisée que dans l'intérêt général de la société et ne peut aboutir qu'à

(1) *De l'instruction criminelle*, t. 3, p. 108.
(2) V° *Compétence*, n° 38, p. 442.

l'annulation de la décision dénoncée, les parties elles-
mêmes peuvent se faire un moyen de l'excès de pouvoir
lorsque les décisions qu'elles attaquent ne portent pas
une atteinte directe à l'organisation des pouvoirs publics
ou aux principes constitutionnels. Le fondement de
cette distinction se trouve dans la jurisprudence.

« Considérant, dit un ancien arrêt de la Chambre des
requêtes (1), que c'est au gouvernement que l'article 80
de la loi du 27 ventôse an VIII donne le droit de dénoncer directement au tribunal de cassation (section des
requêtes), les actes par lesquels ces juges ont excédé
leurs pouvoirs ; et que ce même article en réservant aux
parties intéressées la faculté d'exercer nonobstant cette
dénonciation les droits que leur donnent les lois précédentes n'attribue à ces parties ni le droit de dénonciation directe ni aucun droit nouveau. »

« Attendu, a dit encore la même Cour dans son arrêt
du 22 avril 1846 (2), que la haute juridiction déférée à la
Chambre des requêtes de la Cour de cassation par l'article 80 de la loi du 22 ventôse an VIII et en vertu de
laquelle, sur la dénonciation du gouvernement, la dite
chambre annule, s'il y a lieu, tous actes par lesquels les
juges auraient excédé leurs pouvoirs est une juridiction
d'une nature politique et gouvernementale qui ne comporte ni instance ni parties ; — qu'elle doit être uniquement exercée dans l'intérêt de l'ordre public et en dehors
des intérêts privés se rattachant à l'acte dénoncé dont
l'annulation est d'ailleurs prononcée sans préjudice au
fond du droit des parties intéressées au dit acte. »

Dans l'affaire où est intervenu cet arrêt, la Cour a

(1) 26 ventôse an XII, Dall., *Rép.*, V° *Cassation*, n° 1040, note 1.
(2) D. P. 1846.1.172 ; adde 23 février 1847, D. P. 1847.1.153.

annulé pour excès de pouvoir un jugement du tribunal civil du département de la Seine du 28 mars 1845 qui avait reconnu à une partie le droit de prendre le titre de vicomte et d'ajouter un nom à son propre nom sans avoir au préalable rempli les formalités voulues par les dispositions de la charte et les lois et règlements sur la matière ; et la Cour de cassation a décidé que ledit jugement a ainsi méconnu les prérogatives de la Couronne et empiété sur l'autorité administrative, ce qui constitue un excès de pouvoir prévu et réprimé par ledit article 80 de la loi du 27 ventôse an VIII.

Tout autre est l'excès de pouvoir de droit commun ou improprement dit qui peut être invoqué par les parties elles-mêmes et qui donne ouverture à cassation dans les termes et suivant les voies ordinaires, lorsque les décisions que ces parties attaquent ne portent pas une atteinte directe à l'organisation des pouvoirs publics ou aux principes constitutionnels.

C'est ainsi notamment que la jurisprudence considère comme un excès de pouvoir de cette nature le refus par le juge soit d'accueillir une preuve offerte par les parties dans le cas où la loi l'autorise, soit d'admettre une fin de non-recevoir arbitraire contre une action légitime. Donnons pour exemple que les tribunaux ne sauraient accueillir une exception opposée à une demande d'aliments formée contre un père par son fils sous prétexte qu'il se serait marié contre son gré (1). Le juge excéderait encore ses pouvoirs dans ce même sens s'il modifiait une convention qui par elle-même est claire et précise,

(1) Baudry-Lacantinerie, t. 1, p. 363.

sous prétexte d'intention présumée des parties ou de considérations de temps et de lieu (1).

En un mot, et pour généraliser, nous dirons avec M. Dalloz (2), « que l'excès de pouvoir au point de vue où nous sommes maintenant placé, consiste en ce que le juge sans sortir de ses fonctions et sans empiéter sur les pouvoirs réservés à un autre tribunal fait plus et autre chose que ce que veut la loi. Dès lors il excède ses pouvoirs et il commet une infraction qui diffère des erreurs de fait et des fausses interprétations ou applications de la loi ».

Il est quelquefois difficile, à la vérité, de distinguer si une décision contient un excès de pouvoir ou seulement une fausse application de la loi ou même une irrégularité de procédure n'entraînant pas la nullité du jugement. La Chambre des requêtes s'est prononcée le 14 janvier 1850 (3) sur une espèce intéressante où le pourvoi signalait comme un excès de pouvoir le défaut de serment de la part du greffier provisoire que le juge de paix avait nommé d'office pour l'assister, par suite de l'abstention du greffier titulaire.

La Cour répondit : « Attendu qu'on ne saurait confondre l'irrégularité résultant du défaut de serment du greffier nommé d'office par le juge de paix, en cas d'abstention du greffier titulaire, avec un excès de pouvoir donnant ouverture à cassation contre le jugement qu'il a rendu avec l'assistance de ce greffier provisoire. »

Le juge de paix, dit l'arrêtiste, était loin, dans l'espèce,

---

(1) Dalloz, *C. pr. civ. annoté*, V° *Pourvoi en cassation*, n° 1127, renvoyant à Civ. cass., 5 germinal an XII, *Rép.*, V° *Cass.*, n° 1481, 4° et V° *Obligations*, n° 849, 1.
(2) *Rép.*, V° *Excès de pouvoir*, n° 11.
(3) D. P. 1850. 1. 168 de la note.

d'avoir méconnu ses attributions soit en les dépassant,
soit en n'en usant pas. Il était resté, au contraire, dans
les limites de ses pouvoirs ; seulement il les avait exer-
cés irrégulièrement. C'était là un vice de forme, affectant
la composition du tribunal, mais ne touchant en rien
aux pouvoirs du juge de paix.

Un des considérants de cet arrêt prouve que le juge
peut également commettre des excès de pouvoir négatifs.
On en trouve des exemples dans la jurisprudence.« Déjà,
disait M. Dupin dans un de ses réquisitoires, la Cour a
fixé ce point de jurisprudence qu'il y a excès de pouvoir
non seulement dans l'empiétement sur une attribution
que la loi n'avait pas donnée, mais encore dans le refus
de faire ce que la loi ordonne. Quand il s'agit d'action
publique ou disciplinaire, refuser de juger ou de faire un
acte nécessaire c'est méconnaître son pouvoir, et sortir
des limites tracées par le législateur (*excedere*) (1). »

L'arrêt précité nous rappelle que la loi du 25 mai 1838,
en réformant la législation antérieure (art. 77 de la loi
du 27 ventôse an II) qui autorisait le pourvoi en cassation contre les jugements de juge de paix, pour excès de
pouvoir et incompétence, et en restreignant ces recours
aux excès de pouvoir seulement, a voulu renfermer l'exercice de ce recours dans les circonstances toujours rares,
mais importantes, où l'ordre général est troublé ; »...
C'est à la Cour de cassation qu'il appartient d'apprécier
ces circonstances et depuis longtemps elle a donné la
formule du principe qu'elle applique en pareil cas.

« Attendu, lisons-nous notamment dans un arrêt du
10 février 1868 (2), qu'aux termes de l'article 15 de la loi

(1) D. *Rép.*, Vᵒ *Cassation*, nᵒ 1475.
(2) D.P. 1868. 1. 422 et la note. *Adde*, 9 juillet 1894, D. P. 1894. 1. 512.

du 25 mai 1838, les jugements rendus en dernier ressort par les juges de paix ne peuvent être attaqués par la voie du recours en cassation que pour excès de pouvoirs, c'est-à-dire lorsque le juge de paix, dépassant le cercle de ses attributions judiciaires, entreprend sur celles du pouvoir législatif ou des pouvoirs exécutif ou administratif.

Un arrêt antérieur (1) donne une formule plus explicite encore et plus large : « que l'excès de pouvoir ne se peut entendre en pareil cas que de l'infraction par suite de laquelle le juge, sortant du cercle de ses attributions, troublerait par sa décision illégale l'ordre des juridictions ou porterait atteinte aux principes d'ordre public que tous les pouvoirs sont tenus de respecter. »

Il résulte des principes ainsi posés que les sentences des juges de paix ne sont pas attaquables devant la Cour de cassation pour empiétement sur les attributions d'une juridiction de l'ordre judiciaire, autrement dit pour incompétence. Elles doivent, dans ce cas, être attaquées par la voie de l'appel, sauf, bien entendu, recours en cassation contre le jugement intervenu sur appel.

Pour nous résumer et pour jeter un dernier coup d'œil sur cette question de l'excès de pouvoir très compliquée et assez confuse encore, en dépit des efforts multipliés pour l'éclairer, nous dirons que le juge, après avoir vérifié sa compétence, doit se garder d'excéder ses pouvoirs sous peine d'exposer sa décision à tomber sous l'application de l'article 80 de la loi du 27 ventôse an VIII ou sous le coup de l'article 88 de la même loi qui parle encore d'excès de pouvoir, mais en attribuant cette fois compétence à la Chambre civile.

(1) 7 août 1843, D. *Rép.*, V° *Cassation*, n° 1480 et la note.

Le cas d'excès de pouvoir se trouve en effet visé dans l'un et l'autre article. Comme le faisait remarquer M. le conseiller Mestadier, à l'audience du 17 avril 1832 dans un rapport cité partout (1) et qui constitue un des éléments classiques de la théorie sur la matière : « Il y a donc des excès de pouvoir de plusieurs genres et l'expression est assez élastique pour donner ouverture à plusieurs interprétations. La raison de douter résulte aussi par analogie des articles 441 et 442 du Code d'instruction criminelle. Peut-être y trouverait-on plutôt la raison de décider. Le premier exige un ordre formel du ministre de la justice et il prévoit aussi le cas de la possibilité d'une poursuite. Le deuxième autorise le procureur général à agir d'office et il ne prévoit que la cassation pure et simple de l'arrêt dénoncé. Ne serait-ce pas seulement lorsque l'ordre public a été blessé ou la sûreté de l'État compromise, ou l'ordre des juridictions troublé, ou lorsque, franchissant le cercle dans lequel la loi a renfermé le pouvoir qu'elle lui a confié, le juge a entrepris sur les fonctions du législateur ou sur les attributions de l'autorité administrative, qu'il peut être permis de dénoncer l'excès de pouvoir à la Chambre des requêtes ? Si le juge ne fait rien de tout cela, il peut violer la loi, mal juger, trahir ses devoirs, faire un mauvais usage de ses pouvoirs ; mais ne sortant pas du cercle de ses attributions, il ne se rend pas coupable d'excès de pouvoir dans le sens de l'article 80 de la loi du 27 ventôse an VIII. »

C'est à peu près le même langage que celui de Merlin,

(1) Notamment D. A., V° *Cassation*, n° 1013 et Delangle, *Encyclopédie du droit*, eod. verbo, p. 239.

tel que nous l'avons précédemment recueilli (1). Là
comme ici nous avons rencontré une expression qui est
de nature à fixer quelques instants notre attention et
dont nous déterminerons le sens dans le chapitre suivant. Il s'agit du *mal jugé* au sujet duquel nous croyons
utile de présenter quelques considérations qui forme-
ront comme une transition naturelle entre la première
et la seconde partie de ce travail.

(1) Voir *supra*, p. 76

CHAPITRE IV

DU MAL JUGÉ.

Quelles que soient les mesures prises par l'autorité publique pour donner de bons juges aux citoyens et quels que soient les efforts des juges eux-mêmes pour rendre aux parties exacte et loyale justice, il faut toujours compter sur les faiblesses de la nature et les imperfections de l'intelligence humaines et s'attendre par suite à de mauvais jugements. Les plus grands magistrats l'ont reconnu et proclamé avec toute l'autorité de leur expérience et de leur parole.

« Les gouvernements, disait notamment Henrion de Pansey (1), dépositaires de toutes les volontés individuelles, doivent à tous une justice que chacun s'est interdit de se rendre à soi-même. De là l'institution des juges et l'obligation imposée à la force publique d'intervenir dans l'exécution des jugements. Mais, ce double devoir accompli, la société sous ce rapport est quitte envers ses membres. Elle ne pouvait pas prendre l'engagement de leur donner des juges infaillibles, puisque ces juges elle ne pouvait les choisir que parmi les hommes. Tout à fait étrangère aux méprises des tribunaux elle ne doit donc aucune espèce de dédommagement à ceux dont ces méprises pourraient froisser les intérêts (2). »

(1) Ch. 24, sect. 12, p. 407.
(2) Cette proposition n'a pas cessé d'être exacte en ce qui touche les

On sait qu'il n'en était pas de même en droit romain où le juge pouvait faire un procès sien fût-ce par ignorance et encourir une condamnation de ce chef *in quantum de ea re æquum religioni judicantis videbitur* (1).

Il était néanmoins impossible de laisser les juges commettre impunément toutes sortes d'erreurs, même les erreurs de droit les plus grossières, puisqu'une pareille tolérance aurait abouti à la suppression des lois elles-mêmes (2). Aussi les jurisconsultes se sont-ils préoccupés dès longtemps d'établir une distinction entre le mal jugé proprement dit et la violation de la loi. C'est ainsi que nous trouvons une conception très nette de la différence qui existe entre l'une et l'autre dans la loi 1, § 2, *Quæ sentent. sine appellatione,* etc. Après avoir posé en principe que les jugements rendus contrairement aux constitutions impériales sont nuls de droit, le jurisconsulte explique ce qu'il faut entendre par de tels jugements. *Contra constitutiones autem judicatur cum de jure constitutionis non de jure litigatoris pronuntiatur.* Puis il explique et développe sa pensée dans un exemple resté célèbre, celui d'un ci-

---

jugements rendus en matière civile, mais nous n'ignorons pas qu'une loi récente qui a modifié le ch. III du liv. II, tit. III, C. Inst. crim. permet d'accorder des indemnités aux victimes des erreurs judiciaires. L. 8 juin 1895 (*J. officiel* du 11 juin).

(1) Instit., liv. IV, tit. V, pr.

(2) Henrion de Pansey disait encore dans ce langage pompeux qui était celui de son temps : « Dans le nombre des mauvais jugements il en est qui, indépendamment du préjudice qu'ils causent aux parties condamnées, attaquent et ébranlent l'édifice social en violant les lois qui en sont les bases et en constituent les fondements ; or l'autorité publique se doit à elle-même et doit à la société de casser et annuler ces jugements et de faire disparaître des archives judiciaires ces monuments de scandale et en quelque sorte de rébellion. Chap. 24, sect. 2, p. 407.

toyen se prévalant du nombre de ses enfants et des fonctions dont il est investi pour s'exonérer de la tutelle. En
pareil cas le juge peut statuer soit en fait soit en droit :
il peut dire que le demandeur ne se trouve dans aucun
des cas prévus par les constitutions et, en le disant, il
peut se tromper en fait et par conséquent mal juger, mais
sans violer aucunement ces constitutions ; ou bien il
peut déclarer que les causes alléguées et vérifiées ne
suffisent pas à justifier la demande, alors que les constitutions disent le contraire, et dans ce cas il les viole
directement.

Un avis du Conseil d'État du 18 janvier 1806 (1) a dé-
veloppé dans le même ordre d'idées des considérations
qui ne sont pas hors de propos dans une étude telle que
la nôtre. « Les constitutions, porte cet avis, n'ont établi
que deux degrés de juridiction. Elles ont créé les cours
d'appel pour juger en dernier ressort, mais les actes
émanés de ces cours n'ont le caractère de décisions
souveraines qu'autant qu'ils sont revêtus des formes
requises pour constituer un jugement. Si les formes ont
été violées il n'y a pas de jugement à proprement parler
et la Cour de cassation détruit un acte irrégulier. Si au
contraire toutes les formes ont été observées, le jugement
est réputé la vérité même. Des raisons puissantes d'un
intérêt général ont impérieusement exigé cette maxime.
Des juges supérieurs sont établis pour réparer les erreurs d'une première décision. S'il était permis de remettre en question ce qui aurait été jugé par les cours,
où faudrait-il arrêter ces examens ultérieurs et quelle
plus forte garantie la société aurait-elle contre les

(1) S. V. 6. 2. 74.

erreurs des troisième et quatrième juges ? Cependant la
stabilité des jugements rendus par les Cours repose, il
faut en convenir, non sur la certitude acquise qu'un
arrêt est juste, mais sur la présomption de sa justice
quand il est revêtu des formes qui lui donnent le caractère d'un jugement. Or il est de la nature de toute présomption de céder à la vérité contraire quand elle est
démontrée : si donc un arrêt se trouve en opposition
formelle avec une disposition textuelle de la loi, la présomption de sa justice disparaît, car la loi est et doit
être la justice des tribunaux. Aussi la Cour de cassation
a-t-elle le droit d'annuler dans ce cas les actes des
cours. »

Mais aux cours d'appel, aux tribunaux d'arrondissement, aux juridictions inférieures appartient le droit
exclusif de constater les faits litigieux, d'où vient aux
magistrats chargés de faire cette constatation le nom de
juges du fait que leur donne souvent le langage de la
pratique. Ce n'est point qu'ils ne soient aussi juges du
droit, mais ils n'en sont pas juges souverains. Leurs
décisions à cet égard sont soumises au contrôle de la
Cour de cassation ; sur le terrain du fait, au contraire,
elles sont souveraines et restent à l'abri de toute contradiction devant la Cour suprême. Celle-ci ne connaît
des faits que ce qui lui en est révélé par la décision
même qui lui est déférée ; elle les tient pour exacts et
constants fussent-ils absolument controuvés et hypothétiques. Non seulement le juge du fond a le droit de
constater souverainement les faits mais il peut encore
les caractériser sans risquer d'encourir la moindre censure. Il peut déclarer par exemple que tels faits, établis
dans une enquête, constituent des sévices de nature à

justifier une demande en séparation de corps, que tels
autres offrent tous les caractères d'une réconciliation,
qu'une donation est faite avec dispense de rapport, que
les faits articulés sont ou ne sont pas pertinents et admissibles (1).

Nous rencontrons ici non point précisément une
question mais une situation juridique de nature à sol-
liciter et à retenir quelques instants notre attention.
Nous voulons parler de l'office du juge dans une de
ces matières essentiellement pratiques et usuelles où
le fait joue un rôle prépondérant et où cependant le
pouvoir du juge n'est point souverain comme on pourrait être disposé à le penser. Il s'agit des actions en responsabilité, autrement dit en dommages-intérêts. Où
s'arrête en cette matière le pouvoir d'appréciation des
juges du fond ? Quel est le lot qui leur appartient sans
partage ? Quelle est au contraire la part que la Cour de
cassation peut revendiquer dans l'examen des questions
de ce genre ? Il est un premier point hors de doute et de
contestation, c'est que toute faute supposant un fait positif ou négatif les tribunaux sont souverains pour constater les faits générateurs de la faute et invoqués par les
parties comme source de préjudice et cause de réparation. Les juges du fond peuvent, à leur gré, retenir ces
faits ou les écarter, les tenir pour constants ou non établis, sous l'unique contrôle de leur conscience. Mais ce
qu'il ne leur est pas permis de déclarer souverainement
c'est que ces faits constituent ou non une faute, sans
qu'il soit possible à la Cour suprême de contrôler et de
reviser cette déclaration.

C'est en effet une règle générale rappelée cent fois et

(1) *Encyclopédie du droit*, Vᵒ *Cour de cassation*, p. 309, col. 1.

plus par la jurisprudence que, si les juges du fond ont
un pouvoir souverain pour constater les faits, il appartient à la Cour de cassation de rechercher s'ils n'ont point
tiré de ces faits souverainement constatés des conséquences qui n'en ressortaient pas et qui impliquaient
une violation de la loi (1). C'est surtout en matière de
responsabilité qu'il importe de rappeler au juge du fait
sa véritable mission et les limites qu'il ne saurait fran-
chir sans exposer sa décision à la censure de la cour régulatrice. Il n'y a pas très longtemps que ces limites ont
été posées par sa jurisprudence. Jusqu'à ces dernières
années, certaines de ses décisions semblaient reconnaître au juge du fait en pareille matière une omnipotence
complète. C'est ainsi que l'on pouvait lire dans un arrêt
de la Chambre des requêtes du 28 novembre 1860 (2)
« que la loi ne définit pas et ne pouvait pas définir
les fautes de nature à engager vis-à-vis des tiers la
responsabilité de ceux qui les ont commises et qu'elle
en laisse l'appréciation à la sagesse et à la conscience
du juge dont les décisions échappent sous ce rapport à toute censure ». Mais cette jurisprudence, justement critiquée comme trop vague, trop générale et
trop contradictoire, ne permettait pas de distinguer nettement en matière de responsabilité les questions de fait
qu'il appartient au juge d'apprécier souverainement et
les questions de droit qu'il ne tranche que sous le contrôle de la Cour suprême. Ce pouvoir souverain d'appréciation des juges du fond est quelquefois très res-

(1) Attendu, dit un arrêt de cassation du 3 mars 1869, que s'il appartient aux tribunaux de rechercher les faits, la Cour de cassation doit
toujours vérifier si les conséquences tirées de ces constatations sont juridiques (D. P. 69. 1. 200).
(2) D. P. 61. 1. 339.

treint et il pourra se réduire à néant lorsque le juge se trouvera en présence d'un fait nettement défendu dans l'intérêt des tiers (1). Il est au contraire très étendu dans le cas où la loi n'a édicté qu'une prescription vague et générale comme celle qui recommande la prudence (2). En pareil cas la constatation et l'appréciation des éléments qui constituent le fait illicite sont abandonnées au juge du fond, mais il faut qu'il exclue toute imprudence, soit par voie de négation, soit par voie d'appréciation non sujette à contradiction. C'est ainsi que telles constatations de fait qui avaient paru suffisantes à une cour d'appel pour nier l'imprudence ont paru insuffisantes à la Chambre civile qui, par un arrêt très intéressant du 27 mai 1868 (3), a fait entrer la jurisprudence dans une voie nouvelle où elle s'est engagée de plus en plus. Elle montre par là aux juges du fait combien ils doivent se préoccuper en cette matière si pratique et si usuelle de ne point méconnaître les caractères légaux de la faute, base essentielle et fondement de l'action en responsabilité portée devant eux. Tenons donc pour principe aujourd'hui certain qu'en matière de quasi-délit il appartient à la Cour de cassation de contrôler la qualification légale des faits et de vérifier s'ils constituent, en droit, une faute engageant la responsabilité de ceux à la charge de qui ils sont relevés et constatés (4).

Mais, même en dehors de ces questions dont on dit avec raison que *potius in facto quam in jure consistunt* et où l'élément juridique entre néanmoins dans de cer-

(1) Voir note sous l'arrêt du 24 janvier 1870, D. P. 70. 1. 177.
(2) V. Larombière, *Théorie et pratique des obligations*, t. V, p. 686.
(3) D. P. 69. 1. 404.
(4) Sourdat, *Traité de la responsabilité*, 2e éd., t. I, nos 132, 461 et 464 ; 12 janvier 1875, civ. ; D. P. 75. 1. 145.

taines proportions, n'est-il pas d'autres matières où les juges ont le droit absolu de mal juger sans que les erreurs puissent en aucun cas donner ouverture à cassation ? Oui sans doute, et la Cour suprême ne connaissant jamais du fond des affaires n'a point qualité pour réparer ces sortes d'erreurs qui constituent au premier chef ce que l'on appelle un mal jugé (1). Mais il faut cependant observer que quelle que soit l'étendue des pouvoirs des tribunaux à cet égard, il est des bornes qu'ils ne sauraient dépasser impunément. .

La force des choses n'a pas permis, écrivait M. Delangle, que la Cour de cassation laissât dans tous les cas aux juges du fond une faculté d'appréciation telle qu'ils pussent souverainement donner un démenti irréfragable à des faits légalement constatés. Par un sage tempérament, la Cour régulatrice, sans entrer dans l'examen du fond, décide que la preuve de la fausseté d'un fait admis comme constant par l'arrêt attaqué peut être prouvée par acte authentique, et, dans ce cas, la preuve entraîne la cassation.

L'éminent magistrat en cite un remarquable exemple.

La Cour de Paris avait rejeté un appel par le motif de fait que l'acte d'appel n'avait pas été signifié ni à la personne ni au domicile de l'intimé. Cependant l'acte produit attestait le contraire. L'arrêt fut cassé le 4 avril 1821 (2).

« Attendu, disait la Cour suprême, qu'il résulte de la combinaison des articles 1317 et 1319 du Code civil que les juges sont obligés d'ajouter foi aux actes de la nature de ceux qui y sont énoncés tant que leur authenticité n'est point attaquée par une voie légale ; que dans

(1) Delangle, *op. cit* , no 366, p. 310.
(2) S. V. 21. 1. 40, 3e édit.

l'acte d'appel dont il s'agit et dont l'exploit se trouve joint à la production des demandeurs on trouve la mention expresse de la signification faite tant à personne qu'à domicile. »

La Cour de cassation a rendu en vertu de la même doctrine d'assez nombreux arrêts (1) qui doivent être autant de règles pour le juge mais qu'il faut entendre avec discernement. Au surplus, les énonciations que le juge déclare résulter d'un acte et les conséquences qu'il en déduit ne sauraient être critiquées devant la Cour de cassation si l'acte n'est pas produit ou représenté. Ajoutons que la Cour tient uniquement pour constants les faits qui sont rappelés dans les qualités de l'arrêt et ne considère comme pièces probantes que les actes qui y sont relatés. De là l'importance qui s'attache à la rédaction des qualités, mais on sait qu'elle n'est point l'œuvre du juge.

En dehors des hypothèses que nous venons d'examiner, la Cour de cassation a toujours fait preuve d'une extrême prudence et de la plus sage réserve dans l'exercice de son droit de contrôle, afin d'éviter tout empiétement sur les attributions des juges du fait. Elle n'a jamais oublié ces paroles d'un de ses plus illustres procureurs généraux (2) :

« Mal juger et juger contre une loi expresse sont deux choses totalement différentes ; et si la Cour peut et doit casser tous les arrêts qui jugent contre la loi, elle ne doit, elle ne peut jamais casser un arrêt qui ne juge que contre la raison, qui n'offense que des principes univer-

(1) Voy. notamment Req., 5 juillet 1837, D. P. 38.1. 472.
(2) Merlin, Quest., V° Cassation, § 37, p. 354. Voyez aussi Meyer, Instit. jud., t. V, p. 163.

sellement reçus, il est vrai, mais auxquels le législateur n'a pas imprimé le sceau de sa puissance. »

Et Boncenne disait dans son introduction : « Il n'y a pas d'autres lois pour l'appréciation des faits et pour l'interprétation des clauses d'un contrat que celles de l'intelligence et de l'équité. Le pouvoir régulateur ne pénètre pas jusque-là : autrement la Cour de cassation ne serait qu'une Cour d'appel » (1).

Comme nous le rappelions il n'y a qu'un instant, la Cour s'est constamment, et dès son origine, montrée fidèle à ces principes. « Considérant, dit un ancien arrêt de la Chambre civile au rapport de M. Coffinhal, qu'alors même qu'il y aurait injustice ou mal jugé dans la disposition de l'arrêt attaqué qui déclare que l'antichrésiste n'a commis aucune dégradation, il n'en résulterait pas ouverture à cassation. » Il en serait de même d'une prétendue infraction aux règles de l'équité. « Attendu, lisons-nous dans un arrêt des requêtes du 14 décembre 1807 (2), qu'en décidant comme il l'a fait, l'arrêt s'est parfaitement conformé aux règles de l'équité dont l'infraction dans aucun cas ne pourrait donner ouverture à cassation. » Mais il est à peine besoin d'ajouter que le droit de contrôle revivrait et s'exercerait dans sa plénitude si, sous prétexte de se fonder sur les principes de l'équité, le juge violait une loi positive.

Nous n'insisterons pas sur cette question du mal jugé bien qu'elle se rattache d'une façon très étroite à la théorie générale de l'office du juge. Il nous a paru néanmoins

---

(1) C'était le langage que tenaient déjà Gilbert des Voisins et Tholozan cités par Henrion de Pansey, ch. XXIV, note 10, page 415. Cf., Dalloz, *Rép.*, Vº *Cassation*, ch. 13, nº 1303.

(2) D. *Rép.*, Vº *Cassation*, nº 1304.

opportun de toucher cette question pour montrer comment il faut entendre ce que l'on appelle communément l'omnipotence ou le pouvoir souverain d'appréciation des juges du fond. Nous retrouverons d'ailleurs plus loin quelques principes qui dominent cette matière lorsque nous traiterons des règles qui tracent au juge son office en matière de preuve. Contentons-nous, pour le moment, d'ajouter que lorsque l'organisation de l'ordre judiciaire fut accomplie, le législateur se préoccupa aussitôt, autant qu'il était en son pouvoir, d'assurer aux justiciables, même au seul point de vue de l'examen des faits, une justice éclairée et consciencieuse. C'est ainsi qu'il adressait aux juges des recommandations ou des injonctions qui n'ont rien perdu de leur utilité ni de leur à-propos. Henrion de Pansey a cité à cet égard toute une série de dispositions empruntées aux anciennes ordonnances royales depuis Charles V jusqu'aux Valois et dont quelques-unes ont passé dans notre législation moderne. Ainsi aux termes de l'édit de 1521 et de l'ordonnance de 1560 les juges ne peuvent traiter de quelque manière que ce soit des procès portés devant leur tribunal à peine pour le juge d'une amende arbitraire et pour la partie de la perte de l'objet contentieux et des frais du procès (1). Certaines dispositions de ces ordonnances jettent, il faut bien le reconnaître, un jour singulier sur les mœurs judiciaires du temps où elles ont été promulguées, mais elles témoignent toutes, par la minutie des détails où elles descendent, de

(1) Ce texte est devenu avec quelques variantes de rédaction l'article 1597 du Code civil.

L. — 7

l'importance légitime que l'autorité royale attachait au bon ordre de la justice (1).

Tout est prévu, réglé dans ces ordonnances, jusqu'aux lieux et aux heures où les arrêts doivent être rédigés ; mais la prescription la plus fréquemment reproduite et la plus instamment rappelée est celle qui recommande aux juges de se livrer à l'étude des lois, de la jurisprudence (2) et surtout des ordonnances royales.

« Vous jurez à vos réceptions, disait le chancelier de l'Hôpital aux magistrats de Rouen, dans un discours que nous avons déjà cité, de garder les ordonnances ; les gardez-vous bien? Messieurs, faites que l'ordonnance soit par dessus vous. L'ordonnance est le commandement du Roi et vous n'êtes pas par dessus le Roi. Il n'y a prince ou autres qui ne soient tenus de garder les ordonnances du Roi. Si vous trouvez en pratiquant que l'ordonnance soit dure, difficile, malpropre et incommode pour le pays où vous jugez vous la devez pourtant garder jusqu'à ce que le prince la corrige, n'ayant pouvoir de la changer mais seulement d'user de remontrance (3).»

(1) Les royaumes sans bon ordre de justice ne peuvent avoir durée ne fermeté aucune.

Ce texte emprunté au préambule de l'ordonnance de 1454 sert d'épigraphe au bel ouvrage d'Henrion de Pansey que nous avons mis si souvent à contribution.

(2) L'article 113 de l'ordonnance de 1454 enjoint aux juges de se livrer à l'étude de la jurisprudence et notamment des anciens arrêts. « Et si aucuns, dit-elle, étaient incurieux de ce, voulons que nos présidents les admonestent et induisent à ce faire, et si besoin est nous en avertissent pour y donner provision, telle qu'il appartiendra, sans acception de personnes. »

(3) Voilà pourquoi l'ordonnance de Louis XII de 1499, article 78, exige que chaque juge dans l'année de sa nomination, se procure le recueil des ordonnances des rois et qu'il en fasse l'objet continuel de ses

Ce que l'Hôpital disait de l'étude des ordonnances
bien d'autres avant et après lui l'ont dit de l'étude des
lois. On sait que Justinien plaçait au premier rang des
devoirs du juge celui de s'attacher à ne juger jamais que
suivant les lois, les constitutions et les coutumes (1).
Constitutiones principum, ajoutait la loi 12 C. *de juris
et facti ignorantia, nec ignorare quemquam nec dis-
simulare permittimus*. Domat, s'inspirant de ce texte.
dans le titre de son traité du droit public consacré aux
devoirs des officiers de justice, demandait avant tout
aux magistrats la capacité qu'il définissait en ces termes :

« La capacité des officiers de justice obligés de savoir
les lois consiste au bon sens avec un degré d'intelligence et de droiture d'esprit capable de cette science qui
consiste en une connaissance claire et solide et en ordre des définitions, des principes et des règles des diverses matières du droit, afin de posséder la liaison des
règles à leurs principes et d'en savoir faire l'application
aux questions qui sont à juger ; et ils doivent aussi avoir
la connaissance des ordonnances qui regardent leurs
fonctions et celle des coutumes des lieux où leur ministère se doit exercer, car sans le bon sens, intelligence
et droiture d'esprit on ne saurait avoir cette vraie science
et ce qu'on pourrait avoir de connaissance ne serait que
confusion souvent pire que le défaut de science ; mais
sans cette science le meilleur sens ne saurait suffire

---

méditations. Ce même article ajoute : « Voulons qu'en aucune chambre
ou auditoire il y ait un livre des ordonnances, afin que si aucune difficulté y survient on ait promptement recours à icelle » (Henrion de Pansey,
p. 172).

(1) *Instit. De officio judicis*, pr.

pour entendre et juger les difficultés, ni pour suppléer à la connaissance de plusieurs règles qui, étant simplement arbitraires, doivent être connues et suivies bien précisément (1). »

Ces considérations si judicieuses et qui témoignent d'une si profonde expérience nous conduisent par une transition naturelle à étudier l'usage (2) que les magistrats doivent faire des lois et comment ils doivent les interpréter. Ici encore nous aurons fréquemment à recourir au trésor inépuisable qu'offrent à cet égard les lois civiles.

(1) *Droit public*, liv. 11, sect. 1, III.
(2) On appelle ici usage des règles la manière de les appliquer aux questions qui sont à juger ; et l'application des règles demande souvent qu'on les interprète.
Lois civiles, livre préliminaire, tit. 1, sect. 1, préambule.

DEUXIÈME PARTIE

DE L'OFFICE DU JUGE DANS LES CAUSES DE DROIT COMMUN LES PLUS USUELLES.

———

CHAPITRE PREMIER

DE L'OFFICE DU JUGE EN MATIÈRE D'INTERPRÉTATION DES LOIS, DES CONTRATS ET DES TESTAMENTS.

SECTION I. — De l'interprétation des lois.

Bodin a écrit quelque part dans sa *République* (1) : « Me souvient que le président d'une des chambres des enquêtes de Toulouse, nommé Barthélemy, voyant tous les conseillers de sa chambre de même opinion en un procès et directement contre l'ordonnance, il les contraignit, après avoir fait assembler toutes les chambres, de changer d'opinion et juger selon l'ordonnance. Toutefois, en ce cas où l'injustice serait évidente au fait qui se présenterait, les sages magistrats ont accoutumé d'en advertir le roi, pour déclarer son ordonnance qui est l'un des points concernant la majesté, et n'appar-

_____
(1) Liv. III, ch. 1.

tient pas aux magistrats de passer par dessus l'ordonnance et disputer d'icelle étant claire et sans difficulté :
ainsi il la faut bien étudier pour l'exécuter de point en
point. »

L'ingénieux expédient imaginé par le président Barthélemy pour faire prévaloir son opinion ne serait plus
possible aujourd'hui. Un président contrecarré n'aurait
point la ressource d'en appeler à une assemblée générale de sa compagnie pour avoir raison de ses asses-
seurs récalcitrants. De même la pratique suivie au
temps de Bodin par les sages magistrats aux prises avec
les difficultés d'application d'une loi qui leur semblerait
injuste ne serait plus de mise actuellement et les tribunaux n'auraient plus la faculté de recourir à l'autorité
législative, pour faire *déclarer*, c'est-à-dire pour interpréter la loi. Nous avons vu en effet précédemment que,
si les juges ne doivent statuer que sur la cause qui leur
est soumise, ils doivent toujours et nécessairement statuer sur celle qui leur est déférée et qu'ils ne peuvent,
aux termes de l'article 4 du Code civil, refuser de juger
sous prétexte du silence, de l'obscurité ou de l'insuffisance de la loi(1). Tout différend porté devant un tribunal
doit y trouver sa solution et le juge n'est pas légalement
admis à prétendre que la loi ne lui fournit pas les
moyens de la donner.

Les tribunaux, dit très justement Zachariæ (2), ont
non seulement le droit mais le devoir d'interpréter les

(1) Quelles sont les attributions du pouvoir judiciaire, se demandait
M. Dupin dans ses conclusions précitées du 25 juin 1850 ? Et il ré-
pondait : elles sont déterminées par sa nature même. Il juge ; en d'autres termes il porte des décisions motivées sur les causes qui lui sont
soumises ; c'est ce qu'expriment ces mots : *sententia judicum*.

(2) T. 1, p. 125, § 39 *bis*.

lois mais de suppléer à leur silence en tant que cela est nécessaire pour décider les affaires qui leur sont soumises. Non seulement il n'est pas permis au juge, mais il lui est même interdit de suspendre le jugement d'une contestation pour demander au législateur une interprétation qui devienne la règle de sa décision future.

« Comme les lois », disait Domat (1) s'inspirant du droit romain (2), « regardent en général tous les cas où leur intention peut s'appliquer, elles n'expriment point les divers cas particuliers. Car ce détail qui est impossible serait inutile. Mais elles comprennent généralement tous les événements où leur intention peut servir de règle. » C'est dans ces divers cas où la loi reste forcément muette que le juge doit recourir à l'interprétation dont il lui importe dès lors de connaître les règles.

Les commentateurs distinguent plusieurs sortes d'interprétation d'après la qualité de ceux qui la donnent; mais en réalité, comme l'a fait observer M. Demolombe (3), s'il y a plusieurs manières d'interpréter, ce mot n'a jamais qu'un sens unique; que l'interprétation soit donnée par un simple particulier, par un tribunal ou par le législateur ce n'est jamais qu'une seule et même opération qui consiste à élucider, ou suivant l'expression de Bodin, à *déclarer* le sens de la loi.

L'interprétation des lois, dit encore Marcadé (4), comme toute autre, comme toute explication, quelle qu'elle soit, est permise à tous les citoyens; et si, en général, elle émane des magistrats et des jurisconsultes,

---

(1) *Lois civiles*, titre préliminaire, P. 3, n° 22.
(2) Loi 10, D. *de legibus*.
(3) T. 1, p. 137, n° 165.
(4) Sur l'article 2.

c'est que les études spéciales de ceux-ci les mettent en
état de donner une interprétation plus saine des textes
faisant difficulté : mais l'interprétation du magistrat ou
du jurisconsulte pas plus que celle du simple citoyen
ne saurait faire loi ni être imposée à tous, elle n'a qu'une
autorité de raison et de logique. Malgré elle les tribunaux restent libres d'appliquer la loi dans un sens différent : en sorte que l'on peut avoir et l'on a souvent en
effet une foule de décisions contradictoires quoique ren-
dues en vertu d'une même loi. »

Il suffit pour s'en convaincre d'ouvrir un Code annoté.

L'interprétation communément appelée judiciaire est
la seule dont nous ayons à nous occuper. On désigne
sous ce nom celle qui émane des tribunaux.

Les lois romaines abondaient en règles et en préceptes relatifs à l'art d'interpréter les lois, aux procédés
qu'il convient d'employer dans cette opération si délicate, souvent si compliquée et qui demande, suivant les
expressions d'un jurisconsulte éminent, « tant de discernement, de bon sens, de sagesse et d'expérience ». Notre
législateur qui a posé, quant à l'interprétation des conventions, toute une série de règles sur lesquelles nous
aurons à revenir, n'en a point donné en ce qui concerne
l'interprétation des lois ; mais la doctrine a largement
suppléé à cette lacune et il existe de nombreux traités
sur cette matière (1). MM. Aubry et Rau font observer
d'ailleurs que les règles posées dans les articles 1156
et suivants du Code civil sur l'interprétation des con-

_____

(1) Voyez Zachariæ, introd., p. 129, *De l'art d'interpréter les lois*, où
sont énumérés les principaux ouvrages tant français qu'étrangers sur
l'art de l'interprétation.

ventions s'appliquent également à celles des lois qui
sont l'expression de la volonté du législateur, comme les
conventions sont l'expression de la volonté des parties
contractantes. »

L'auteur des *Lois civiles* n'avait point dédaigné de
faire ce que notre législateur n'a point fait. Dans le livre
préliminaire de cet ouvrage où il est traité des règles du
droit en général, on trouve sur l'usage et l'application
de ces règles des pages que le jurisconsulte recomman-
dait « de relire de temps en temps » et auxquelles il
considérait comme « utile de revenir dans les occasions ». C'est là que l'on voit figurer en effet, exposés
dans un ordre admirable, des préceptes dignes d'être
offerts comme un sujet de méditation constante aux
magistrats de tous les temps. Tout serait à reproduire
dans le préambule de la section II du titre premier du
Livre préliminaire qui se résume dans cette formule du
premier paragraphe : « Toutes les règles (ce mot dans
la terminologie du jurisconsulte est synonyme de loi),
soit naturelles ou arbitraires, ont leur usage tel que
donne à chacune la justice universelle qui en est l'esprit.
Aussi l'application doit s'en faire par le discernement
de ce que demande cet esprit qui dans les lois naturelles
est l'équité (1), et, dans les lois arbitraires, l'intention du
législateur. Et c'est aussi dans ce discernement que consiste principalement la science du droit. »

De là cette double conséquence que les lois naturelles
sont mal interprétées lorsqu'on en tire des conséquences contre l'équité, et les lois arbitraires lorsque l'interprétation que l'on en donne contrarie l'intention du lé-

_____

(1) « In summa æquitatem ante oculos habere debet judex », disait la
loi romaine. L. 1, § 1, D., *de eo quod certo loco*.

gislateur. Où trouverait-on sur ce que l'on appelle
« *rigueur du droit* » par opposition à l'*équité* des considérations plus judicieuses que dans le passage suivant (1) : « Il ne faut pas prendre pour des injustices contraires à l'équité ou à l'intention du législateur les
décisions qui paraissent avoir quelque dureté qu'on
appelle *rigueur du droit*, lorsqu'il est évident que cette
rigueur est essentielle à la loi d'où elle sort et qu'on ne
pourrait apporter de tempérament à cette loi sans l'a-
néantir... Ainsi la rigueur qui annule tous les testaments où manquent les formes que les lois prescrivent
est essentielle à ces mêmes lois, et ce serait les anéantir
que d'y apporter un tempérament : *quod quidem per-
quam durum est, sed ita lex scripta est* (2). Mais si la dureté ou la rigueur de la loi n'est pas une suite essentielle
de la loi et qui en soit inséparable, mais que la loi puisse
avoir son effet par une interprétation qui modère cette
rigueur et par quelque tempérament que demande l'é-
quité qui est l'esprit de la loi, il faut alors préférer l'é-
quité à cette rigueur que paraît demander la lettre et
suivre plutôt l'esprit et l'intention de la loi que la manière étroite et dure de l'interpréter.

Il faut donc juger par la rigueur du droit si la loi ne
souffre point de tempérament ou par le tempérament de
l'équité si la loi le souffre. » Antérieurement d'ailleurs,
au 12ᵉ chapitre du *Traité des lois*, le jurisconsulte avait
posé les règles générales de l'interprétation soit gram-
maticale soit logique. Il avait dit notamment qu'il
faut juger du sens et de l'esprit d'une loi par toute sa teneur, s'attacher plus au sens de la loi qu'à ce que les ter-

(1) *Lois civiles, loc. cit.*, p. 133.
(2) L. 22, § 1, D., *qui et a quibus*.

mes paraissent avoir de contraire ; suppléer au défaut
d'expression par l'esprit de la loi. Il avait très nettement
découvert et distingué ce que l'on a appelé depuis dans
le langage de l'Ecole l'interprétation déclarative, exten-
sive ou restrictive. Tout cela est devenu depuis quelque
peu banal, comme les règles du *Discours sur la méthode,*
mais tout cela n'en a pas moins une grande valeur scientifique et mérite d'être au moins signalé sinon appro-
fondi.

Le jurisconsulte avait d'ailleurs acquis trop d'expérience sur son siège de magistrat pour ne pas avoir ap-
pris qu'il en est des préceptes, sans la pratique, comme
des lois sans les mœurs ; *quid vanœ prosunt ?* Aussi
terminait-il ses considérations sur l'usage et l'interprétation des lois par cette observation marquée, comme
tant d'autres chez lui, au coin du plus rare bon sens :
« On peut ajouter une dernière remarque et qui est une
suite de toutes les autres, que toutes les différentes
vues dont l'usage est si nécessaire pour l'application
des lois demandent la connaissance de leurs principes
et de leur détail ce qui renferme la lumière du bon sens
avec l'étude et l'expérience. Car sans ce fonds on est en
danger de faire de fausses applications des lois soit en
les détournant à d'autres matières que celles où elles se
rapportent, ou ne discernant pas les bornes que leur
donnent les exceptions, ou donnant trop d'étendue à
l'équité contre la rigueur du droit ou à cette rigueur contre l'équité, ou par le défaut des autres vues qui doivent
régler l'usage du droit (1). »

Ces considérations ne sont pas exclusivement théori-

_____

(1) *Traité des lois,* ch. 12, p. XXV, *in fine.*

ques : elles tendent à prémunir le juge contre une des
causes d'erreur les plus fréquentes et par suite à mettre
ses décisions à l'abri des éventualités d'un recours en
cassation.

C'est en effet aujourd'hui une pratique constante de
se pourvoir devant la Cour suprême pour fausse interprétation de la loi. Nous disons aujourd'hui, car il n'en
a pas toujours été ainsi. Dans l'ancien droit, la fausse
interprétation n'était pas admise comme moyen de cassation. On décidait en conséquence, au conseil des parties, que lorsqu'une loi était susceptible de deux ou plusieurs interprétations, les cours souveraines avaient la
faculté d'adopter celle qui leur paraissait la plus raison-
nable. Point n'est besoin de faire ressortir les inconvé-
nients qui pouvaient résulter de cette pratique. Mais
tout en paraissant la regretter, Henrion de Pansey re-
connaissait que les idées avaient pris en cette matière,
depuis la promulgation de nos Codes, une autre direc-
tion. D'après ce magistrat, on ne saurait dire que le juge
a violé la loi lorsqu'il n'a jugé que dans la persuasion
que l'interprétation par lui donnée est conforme au véritable sens de la loi, et le tribunal le plus intègre et le
plus éclairé ne peut appliquer les actes législatifs que de
la manière dont il les conçoit. Cependant le même
auteur, lorsqu'il s'était attaché à découvrir la source des
principales erreurs du juge, avait signalé celle qui consiste, en présence d'un texte de loi susceptible de deux interprétations, à s'arrêter à celle que réprouve la doctrine
des arrêts et des jurisconsultes. La fausse interprétation
constitue donc une erreur et une erreur juridique au
premier chef. Pourquoi n'appartiendrait-il pas aux justiciables de la signaler à la Cour suprême, gardienne du

droit? Aussi un autre magistrat qui fut une des illus-
trations du Parquet de cette Cour, M. Delangle, a-t-il
combattu l'opinion d'Henrion de Pansey et considéré
comme tout à fait rationnelle et conforme à l'institution
de la Cour de cassation la jurisprudence d'après laquelle
la fausse interprétation de la loi offre une ouverture à
cassation qui rentre jusqu'à un certain point dans la
violation expresse.

« Que deviendrait, disait M. Delangle, notre législation s'il était permis à tous les tribunaux jugeant souverainement de donner à la loi, sans aucune espèce de
contrôle, l'interprétation qui leur paraîtrait la plus rai-
sonnable ? Dans ce déplorable conflit d'opinions et de
systèmes contraires la jurisprudence deviendrait un
chaos et nos codes perdraient leurs avantages les plus
précieux, l'harmonie, la simplicité, l'uniformité. La
Cour a donc eu raison d'abandonner les traditions de
l'ancien conseil des parties et de vouloir que tous les
tribunaux indistinctement évitent de porter atteinte à la
pensée du législateur et de fausser le sens de la loi dans
leurs interprétations juridiques. »

Tel est aussi le sentiment de Carré(1) qui arrive, comme
M. Delangle, à cette conclusion que la Cour de cassation
peut casser toute décision judiciaire en dernier ressort,
tant pour fausse interprétation que pour fausse application de la loi.

Notons cependant que même en matière d'application
des textes, aussi bien qu'en ce qui concerne l'appréciation des faits, la loi laisse quelquefois au juge un pouvoir souverain. Nous rencontrons en effet dans nos

(1) *Lois de la compétence*, t. 2, p. 154, 3e édit.

Codes telle disposition qui ressemble plutôt à un conseil qu'à une prescription proprement dite. Quoi que fasse le juge en pareil cas, le contrôle de la Cour de cassation ne saurait s'exercer sur sa décision et, comme le disait M. Delangle avec la haute compétence qui lui appartenait en ces matières, il peut faire un fâcheux usage du pouvoir dont la loi l'investit, mais il ne peut la violer : on ne viole pas une loi qui ne prescrit rien. Tel est par exemple le cas de l'article 645 du Code civil, où il est dit que s'il s'élève une contestation entre les propriétaires auxquels les eaux peuvent être utiles, les tribunaux en prononçant doivent concilier l'intérêt de l'agriculture avec le respect de la propriété. Pour opérer cette conciliation la loi s'en rapporte absolument aux lumières et à la conscience du magistrat.

De même en matière d'allocation ou de refus d'aliments la jurisprudence manifeste une tendance de plus en plus marquée à reconnaître aux tribunaux un pouvoir discrétionnaire. C'est ce qui résulte notamment de deux arrêts de la Chambre des requêtes rendus l'un et l'autre à l'occasion de pourvois dirigés contre des arrêts de la Cour de Paris qui avaient prononcé en sens contraire sur une question identique, si tant est qu'il puisse se rencontrer en pareille matière deux situations de fait exactement semblables. Le premier arrêt de la Cour d'appel qui est du 18 janvier 1862 (1) décide que « les père et mère, quelle que soit leur position de fortune, ne peuvent être contraints de payer une pension alimentaire à leurs enfants majeurs, alors d'ailleurs qu'ils leur ont donné l'éducation nécessaire pour l'exercice d'une pro-

(1) D. P. 62, 2, 59.

fession utile ». Cette décision fut déférée à la Chambre des requêtes qui, par un arrêt du 7 juillet 1863 (1), rejeta le pourvoi dans les termes suivants :

« Attendu qu'il appartient aux juges saisis d'une demande en pension alimentaire d'apprécier la position du demandeur, l'étendue de ses besoins et l'origine de la gêne qu'il éprouve ou prétend éprouver ; qu'il leur appartient également de juger si ceux auxquels les aliments sont demandés ont fait ce qu'ils devaient faire pour donner au demandeur les moyens de pourvoir lui-même à ses besoins. »

Par un autre arrêt du 11 juillet 1894, la Cour de Paris avait statué en sens contraire. Elle avait condamné un père de famille dans une position de fortune brillante à servir une pension alimentaire à son fils qui refusait de se livrer à aucun travail, et la Chambre des requêtes, par un arrêt du 9 décembre 1895, a également rejeté le pourvoi en déclarant que les juges du fond avaient souverainement apprécié les circonstances de la cause.

De même nous verrons plus loin dans le chapitre consacré à l'office du juge en matière de preuve que le magistrat jouit d'un pouvoir discrétionnaire pour décider si les faits articulés sont ou non concluants et admissibles. C'est ainsi encore que les caractères du cas fortuit n'étant pas spécifiés par la loi, la détermination en est laissée à l'arbitrage souverain du juge, notamment dans le cas de l'article 1733 du Code civil (2).

Enfin, et pour ne pas multiplier outre mesure ces exemples, il est facultatif aux juges d'admettre ou de

(1) *Ibid.*, 63, 1, 400.
(2) Req., 11 fév. 1834, D. P. 34, 1, 112.

repousser l'inscription de faux sans que leur décision tombe sous le contrôle de la Cour de cassation.

« Considérant », dit un arrêt de la Chambre des requêtes du 7 juillet 1835 (1), « que de l'expression *s'il y échet* contenue dans l'article 214 du Code de procédure civile, il résulte que l'admission de la demande en faux incident civil est laissée dans le domaine des magistrats. »

Dans ces divers cas les juges prononcent souverainement ; et, suivant les expressions mêmes de M. Delangle, ils peuvent abuser impunément de la faculté que la loi leur accorde.

Au surplus le juge doit toujours se souvenir, en interprétant les lois, de cette règle si sage que le premier projet du Code civil avait formulée dans le titre préliminaire : quand une loi est claire, il ne faut pas en éluder la lettre sous prétexte d'en pénétrer l'esprit. C'est au fond la même pensée qu'avait exprimée cette boutade si souvent rappelée de d'Argentré : *stulta sapientia quœ vult lege sapientior esse*. Cette règle, dit M. Laurent dans ses *Principes* (2), s'applique également à l'interprétation des conventions dont nous allons nous occuper dans la section suivante.

SECTION II. — **De l'interprétation des conventions.**

On dit communément que les contrats font la loi des parties ; c'est une façon vulgaire mais exacte de tra-

(1) D. P. 35, 1, 389.
(2) T. 2, p. 442.

duire ou d'énoncer le principe posé dans l'article 1134
du Code civil, où il est écrit que les conventions légalement formées tiennent lieu de lois à ceux qui les ont
faites, c'est-à-dire « qu'elles forment une règle à laquelle les parties sont tenues de se soumettre comme à
la loi même (1) ». Mais les contrats, œuvre des particuliers, sont encore bien plus souvent que les lois, exposées à contenir des clauses obscures ou ambiguës
dont le sens demande à être fixé par l'interprétation.
Aussi le législateur qui est resté muet sur celle des lois
proprement dites, a-t-il consacré à l'interprétation des
conventions toute une série de dispositions qui font
l'objet de la section 5 du titre 3 du livre III. Ces dispositions sont empruntées aux lois romaines où Domat
et Pothier les ont trouvées et c'est de leurs ouvrages
qu'elles ont passé dans nos lois. M. Demolombe n'a pas
dédaigné de faire remarquer qu'il y en avait douze dans
Pothier et qu'il n'y en a que neuf dans notre Code. Il
nous sera permis de constater que l'on n'en compte pas
moins de seize dans les *Lois civiles* (2). Mais l'important est bien moins de les compter que d'en user avec
discernement.

Il faut d'abord poser en principe qu'il n'y a lieu à
interprétation qu'autant qu'il y a obscurité dans les termes de la convention ou incertitude sur son véritable
sens. Alors au contraire que ces termes ne laissent place
à aucun doute, le devoir du juge est d'assurer l'exécution du contrat et le magistrat manquerait à son devoir
et excéderait ses pouvoirs s'il modifiait ce contrat en se
fondant sur une appréciation plus ou moins plausible

(1) Marcadé, sur l'article 1134.
(2) *Des conventions en général*, t. I, sect. 2, p. 17.

L.— 8

de l'intention ou de la volonté des parties. *Quod factum est, cum in obscuro est,* disait le jurisconsulte Paul *ex affectione cujusque capit interpretationem* (1). C'est en ce sens qu'il faut entendre l'article 1156 du Code civil dont la véritable portée a été fixée par avance dans la quatrième règle de Domat ainsi conçue : Si les termes d'une convention paraissent contraires à l'intention des contractants *d'ailleurs évidente* il faut suivre cette intention plutôt que les termes. *In conventionibus,* porte la loi 219, D., *de verborum significatione, voluntatem potius quam verba spectari placeat* et la loi 7 *in fine,* D., *de suppellectili legata,* disait avec plus d'élégance : *prior atque potentior est mens quam vox dicentis.*

Mais comment parvenir à connaître la véritable intention des parties ? L'article 1161 du Code civil indique le procédé qu'il convient d'employer : toutes les clauses des conventions s'interprètent les unes par les autres en donnant à chacune le sens qui résulte de l'acte entier. C'est l'application aux conventions de la règle célèbre posée par le jurisconsulte Celsus pour l'interprétation des lois et qui a été si souvent citée : « *Incivile est, nisi tota lege perspecta, una aliqua particula proposita respondere vel judicare.* »

A cette règle se rattache celle de l'article 1164 du Code civil aux termes duquel, lorsque dans un contrat on a exprimé un cas pour l'explication de l'obligation, on n'est pas censé avoir voulu par là restreindre l'étendue que l'engagement reçoit de droit aux cas non exprimés ; et d'autre part l'article 1163 rappelle que quelque généraux que soient les termes dans lesquels une conven-

(1) L. 168, *de regulis juris.*

tion est conçue, elle ne comprend que les choses sur lesquelles il paraît que les parties se sont proposé de contracter.

Lorsqu'il n'a pas été possible à l'aide des règles ci-dessus posées d'arriver à découvrir la véritable intention des parties, c'est alors le cas d'appliquer : 1° la cinquième règle de Domat devenue l'article 1158 du Code civil : « les termes susceptibles de deux sens doivent être pris dans le sens qui convient le plus à la matière du contrat » ; 2° la deuxième règle du même jurisconsulte qui se trouve reproduite dans l'article 1159 : « ce qui est ambigu s'interprète par ce qui est d'usage dans le pays où le contrat est passé » ; 3° enfin, la seconde règle d'interprétation donnée par le Code civil dans l'article 1157: « lorsqu'une clause est susceptible de deux sens on doit plutôt l'entendre dans celui avec lequel elle peut avoir quelque effet que dans le sens avec lequel elle n'en pourrait produire aucun ».

Si tous ces moyens sont insuffisants, lisons-nous dans Zachariæ (1), le doute qui s'élève sur le sens des contrats doit être résolu en faveur du débiteur et contre le créancier. C'est ce que porte l'article 1162 du Code civil dont le commentaire anticipé se trouve encore dans la sixième règle de Domat ainsi énoncée : « les obscurités et les incertitudes des clauses qui obligent s'interprètent en faveur de celui qui est obligé et il faut restreindre l'obligation au sens qui la diminue ; car celui qui s'oblige ne veut que le moins et l'autre a dû faire expliquer clairement ce qu'il prétendait (2). Mais si d'autres règles veu-

(1) T. IV, p. 329, § 347.
(2) « In stipulationibus cum quæritur quid actum sit verba contra stipulatorem interpretenda sunt. »
L. 38, § 18, D., *de verborum obligationibus.*

lent qu'on interprète contre celui qui est obligé, on étend
l'obligation selon les circonstances. Et, en général,
quand l'engagement est assez étendu on ne doit ni l'étendre ni le restreindre au préjudice de l'un pour favoriser
l'autre.

On a beaucoup discuté sur le fondement juridique du
principe consacré par le texte reproduit dans la note ci-
dessus. Pourquoi, en effet, alors que les parties sont
dans une situation égale devant la justice faire pencher
la balance, suivant l'expression familière, du côté du
promettant plutôt que du stipulant ? Est-ce parce que la
libération est favorable ? Parce que le stipulant était le
maître *re integra legem apertius dicendi*, et que c'est
dès lors à lui que le doute est imputable ? Ce sont bien
là en effet les motifs indiqués par Domat et par les lois
romaines ; mais les commentateurs les plus autorisés
du Code civil, et notamment Marcadé (1) et Demolombe (2), ont fait remarquer que la règle de l'article 1162
appartenait bien moins à la matière de l'interprétation
qu'à la théorie de la preuve et qu'elle n'était rien autre
chose que l'application du principe de droit et de raison
posé dans l'article 1315 et d'après lequel *actori incum-
bit probatio*. Les mots : *dans le doute* de notre article
seraient donc l'équivalent de ces autres mots : *à défaut
de preuve* ; de telle sorte que dans le doute sur l'extinc-
tion d'une obligation le juge devrait prononcer contre
le débiteur et en faveur du créancier. C'est évidemment
ce que Domat avait entrevu lorsqu'il disait : « mais si
d'autres règles veulent qu'on interprète contre celui qui
est obligé, on étend l'obligation selon les circonstances ».

(1) Sur l'article 1162.
(2) *Contrats*, t. 2, p. 24, n° 24 et suiv.

Ce ne sont pas d'autres règles. Ce sont au contraire les mêmes, celles de la preuve. Il est donc vrai de dire avec M. Demolombe que ce n'est pas toujours contre la même partie que le doute s'interprète dans une convention.

Les principales règles de l'interprétation ainsi rappelées et expliquées, quel va être le devoir du juge en présence d'une convention parfaitement claire et sur le sens de laquelle il n'existe plus aucun doute ? La réponse est toute simple. Il devra en assurer l'exécution puisque nous savons que les conventions tiennent lieu de loi aux parties et qu'il est de l'essence de la loi d'être obéie. Mais supposons que le juge, au lieu d'assurer cette exécution, viole au contraire la loi du contrat soit par une fausse interprétation de ses termes, soit par la méconnaissance de l'intention des parties. Y aurait-il ouverture à cassation de sa sentence tout comme si l'on se trouvait en présence de la violation ou de la fausse interprétation d'une loi proprement dite ? Dans l'origine, écrivait M. Delangle (1), on admettait sans difficulté que la violation de la foi due aux contrats pouvait servir de base à un pourvoi et l'on appuyait cette jurisprudence sur la loi 23 *de regulis juris* : « *contractus legem dedit* ». Les termes de l'article 1134 parurent apporter une consécration à cette jurisprudence qui était approuvée par Carré (2). Henrion de Pansey fut le premier à la combattre, mais son opinion ne prévalut définitivement qu'en 1808 (3) dans une affaire où, sur les conclusions

---

(1) *Encyclopédie du droit*, V° *Cassation*, p. 303.
(2) *Compétence*, t. 8, p. 142 et suiv. de la 2ᵉ édition.
(3) 2 avril 1808, Deville et Carré, II, 1, 481, *Journal du Palais*, 3ᵉ édition.

de Merlin, la Cour de cassation décida que l'interprétation des conventions était dans les attributions du
juge du fond. En effet, continuait M. Delangle, à qui nous
empruntons ces détails, lorsqu'un tribunal déroge ou
paraît déroger à une convention, ce sont nécessairement
les circonstances de la cause qui le déterminent à agir
ainsi ; car l'exécution ou la révocation ou l'interprétation des conventions, tout cela est subordonné à la bonne
foi ; et les considérations de bonne foi sont de pures
questions de fait qui ne sont pas du ressort de la Cour de
cassation.

Et cependant il suffit d'ouvrir un recueil de jurisprudence pour constater que la violation de l'article 1134 y
figure comme un des moyens de cassation les plus fréquemment invoqués. Quels sont donc les principes qui
déterminent aujourd'hui sur ce point les pouvoirs du
juge et qui par conséquent lui tracent son devoir ? Ces
principes ont été maintes fois proclamés, mais rarement
avec plus de netteté et de précision que dans les conclusions données par M. l'avocat général Paul Fabre devant la Chambre des requêtes à l'audience du 22 novembre 1865 (1).

« Pour qu'il puisse y avoir violation de l'article 1134,
disait alors l'éminent magistrat, il faut que le juge après
avoir déclaré que l'intention des parties était de faire
telle convention, ajoute que néanmoins lui juge, par des
raisons d'équité, croit devoir modifier la convention faite,
parce qu'il trouve exagérés soit la peine stipulée, soit
les avantages assurés à l'une des parties par le contrat.
Alors il est vrai de dire que le juge met sa volonté à la

(1) Aff. de Laplace-Chauveau et Bourne c. Assada et Bourelly, D. P.
1866, 1, 108.

place de la volonté qu'il reconnaît avoir été celle des parties au moment du contrat et qu'il refait la convention. Mais le juge au contraire se borne-t-il à rechercher quelle a été la pensée des parties contractantes, si loin qu'il aille dans cette voie il ne sort pas du domaine de sa souveraineté. L'interprétation du contrat n'est jamais rendue nécessaire que par la nécessité de concilier les éléments contradictoires qui semblent à chacune des parties militer en faveur du sens qu'elle lui prête. »

Et la Chambre des requêtes, sous la présidence de Bonjean, sanctionnait cette théorie dans le considérant suivant : « Attendu qu'il ne peut y avoir violation de l'article 1134 qu'autant que le juge, après avoir constaté l'existence et le sens du contrat, croirait pouvoir en modifier sous un prétexte quelconque ce qu'il reconnaîtrait avoir été convenu entre les parties et non lorsqu'il se borne à fixer le sens de la convention par interprétation de l'intention des parties : que, si erronée qu'elle puisse être, une telle interprétation ne constitue qu'un mal jugé qui ne tombe pas sous la censure de la Cour de cassation.

Mais cette règle n'est pas absolue. Elle comporte une restriction que Demolombe énonce comme il suit : Ajoutons toutefois que la Cour de cassation ne tolérerait pas une interprétation qui s'écarterait certainement et évidemment du vrai sens des clauses de la convention et qui la dénaturerait sous prétexte de les interpréter. Ainsi les juges du fond dénaturent le contrat qui leur est soumis et leur décision encourt la censure de la Cour suprême lorsqu'ils ajoutent une clause à ce contrat dont les termes étaient clairs et précis.

C'est ce qui résulte notamment d'un récent arrêt de

la Chambre civile où nous lisons : « Mais attendu que
l'acte du 24 juin 1884 ne contenait aucun abandon fait
par les enfants Riché au profit de leur père ; qu'en y
ajoutant une clause qui ne s'y trouve pas l'arrêt attaqué
a outrepassé son droit d'interprétation, dénaturé un acte
dont les termes étaient clairs et précis et par suite méconnu le caractère de la libéralité qu'il contenait (1). »

Ajoutons qu'il est de jurisprudence qu'on ne peut
soutenir devant la Cour de cassation qu'une convention
a été dénaturée par le juge du fond lorsque cette convention n'est pas représentée et que la Cour ne peut en apprécier le caractère et la portée juridique que d'après les
constatations de l'arrêt attaqué. « Attendu, a dit la
Chambre des requêtes, le 27 octobre 1886 (2), que la convention du 19 mars entre la Compagnie *la Confiance* et
la Compagnie *la Clémentine* n'ayant pas été produite
devant la Cour, on ne peut soutenir qu'elle a été dénaturée par l'arrêt attaqué et que c'est uniquement dans les
constatations de cet arrêt qu'il faut en rechercher le caractère et la nature. »

Il suit de là que la Cour de cassation a un droit de
contrôle sur la qualification donnée au contrat par le
juge du fond et sur la détermination des caractères et
des effets légaux de ce contrat.

C'est ce qui a été solennellement jugé par un arrêt de
cassation rendu le 26 juillet 1823 sous la présidence du
Garde des Sceaux :

« Attendu que la Cour de cassation a le droit d'apprécier le mérite des arrêts de Cours royales lorsqu'ils
déterminent le caractère des conventions dans leurs rap-

_____

(1) 18 décembre 1893, D. P. 94, 1, 263.
(2) D. P. 87, 1, 165.

ports avec les lois qui en assurent la validité ; qu'il serait contraire au but de son institution qu'elle dût s'abstenir d'annuler ces arrêts lorsqu'ayant donné de fausses
qualifications aux contrats et les ayant placés dans une
classe à laquelle ils ne doivent pas appartenir, ils les
auraient affranchis des règles spéciales auxquelles ils
étaient soumis ou les auraient soumis à des règles qui
ne pouvaient pas leur être appliquées. »

Cet arrêt, comme un certain nombre d'autres rendus
dans le même sens, est intervenu en matière de transaction, contrat dont les caractères légaux ont été déterminés par l'article 2044 du Code civil. Mais la même
règle s'appliquerait à la donation, à la substitution, à la
novation dont la loi a aussi expressément désigné les
caractères et les effets.

« En résumé », disait M. Delangle dans un passage
que Demolombe lui a emprunté, « pour savoir si l'interprétation des actes, si la violation des contrats donnent
ouverture à cassation, il faut distinguer si, d'après les
faits constatés par l'arrêt, il y a une contravention à la
loi : dans ce cas, mais dans ce cas seulement, le recours
est ouvert : dans toute autre hypothèse il n'y a qu'un
simple mal jugé. »

On voit que dans ce passage l'auteur a placé sur la
même ligne l'interprétation des actes et la violation des
contrats : c'est qu'en effet le juge n'est point seulement
appelé à assurer l'exécution des contrats après en avoir
fixé le sens ; il lui appartient encore de déterminer celui
des actes qu'une rédaction maladroite a rendu obscur, quelquefois même à peu près inintelligible. C'est
surtout en matière de testament que le cas se produit
et que l'office du juge devient parfois délicat et diffi-

cile ; nous en dirons quelques mots dans la suivante
section.

SECTION III. — **De l'interprétation des testaments.**

La haute raison et l'expérience consommée du jurisconsulte des *Lois civiles* lui avaient encore suggéré ici
quelques considérations dont les magistrats de tous les
temps peuvent tirer profit et qui sont comme le thème et
le fondement de tout ce qui a été écrit depuis sur cette
matière.

« Il y a, disait-il notamment (1), cette différence entre
les conventions et les testaments pour ce qui regarde la
manière de les interpréter que dans les conventions il faut
différemment considérer ou la volonté commune de ceux
qui traitent ensemble ou la volonté seule de l'un des
deux sans égard à celle de l'autre ; mais dans les testaments où le testateur explique seul sa volonté c'est toujours cette volonté seule qui est l'unique règle. *Testamentum*, disait la loi 1, D., *de his qui testamentum facere
possunt, est voluntatis nostræ justa sententia.*

Mais pour arriver à la découverte et à l'intelligence de
cette volonté, le juge rencontre des obstacles ou des
difficultés de deux natures différentes : les unes nais-
sant de « quelque obscurité, de quelque ambiguïté ou
de quelque défaut d'expression » ; les autres qui « peuvent naître d'ailleurs que d'un vice d'expression et qui
obligent à découvrir l'intention du testateur par d'autres
voies que par la connaissance du sens des paroles ».

(1) *Lois civiles*, liv. III, tit. 3, sect. 6.

Il serait difficile et peut-être superflu de passer en revue et d'analyser les différentes règles que donne le jurisconsulte dans chacune des deux sections qu'il a consacrées à l'une et l'autre des interprétations réclamées soit par suite de l'obscurité ou de l'ambiguïté des expressions testamentaires, soit par suite de causes pour ainsi dire extrinsèques (1). Mais ce qui rentre absolument dans notre sujet, c'est de rappeler avec quelle autorité Domat proclame ici le devoir du juge dans l'une et l'autre hypothèses. Voici comment il le résume en ce qui concerne la première après avoir indiqué les diverses vues pour connaître l'intention du testateur :

« Mais les égards à toutes ces vues n'ont usage que sous deux autres générales qui doivent être les premières en toute interprétation : l'une de ne pas exposer une expression claire à des interprétations contraires au sens naturel, et l'autre de ne pas préférer aux présomptions raisonnables de l'intention du testateur un sens opposé, sous prétexte de s'attacher servilement au sens littéral d'une expression que la suite du testament ou les circonstances obligeraient d'entendre autrement pour l'accorder avec cette expression. Ainsi, en général, c'est de la prudence du juge qu'il dépend de connaître si une expression doit être prise précisément au sens de la lettre ou s'il est nécessaire ou de l'équité de l'interpréter. Et il doit discerner l'usage des règles qui doivent en faire l'interprétation. Et en général il est du devoir du juge

---

(1) La loi 16, 19, D., *de condit. et demonst.*, avait déjà établi cette distinction mais dans un but différent : « In his quæ extra testamentum occurrunt possunt res ex æquo et bono interpretationem capere. In vero quæ ex ipso testamento oriuntur, necesse est secundum scripti juris rationem expediri. »

et de sa prudence d'user en chaque cas des règles qui doivent y mieux convenir. »

Mais ici encore, et de même qu'en matière de contrats, le pouvoir du juge n'est pas souverain et il subit les mêmes restrictions, soit en ce qui concerne son étendue (1), soit à l'égard de certaines dispositions testamentaires dont la loi détermine les caractères constitutifs : nous voulons parler des substitutions.

La question de savoir, dit Zachariæ, si telle disposition présente soit explicitement et d'après ses termes, soit implicitement et dans ses résultats les caractères ou éléments constitutifs d'une substitution est de sa nature une question de droit et non une simple question de fait. Le juge qui maintiendrait une disposition réunissant en réalité tous les caractères constitutifs d'une substitution ou qui annulerait, comme renfermant une substitution, une disposition dépourvue de ces caractères, violerait l'article 896 ou ferait de cet article une fausse application qui impliquerait violation d'autres articles. Mais le même auteur (2) et M. Demolombe (3) avec lui font observer que si la question portait non pas sur le caractère juridique de la clause mais bien sur l'appréciation en fait de l'existence même de cette clause, il ne s'agirait plus, dès lors, que d'une interprétation de volonté qui échapperait au contrôle de la Cour de cassation.

« Attendu, dit un arrêt (4) de la Chambre des requê-

---

(1) La règle *voluntatis defuncti quæstio in æstimatione judicis est*, doit donc être entendue avec quelque restriction.
(2) T. VII, p. 321, § 694.
(3) T. XVIII, *Donations entre vifs*, p. 193, n° 171.
(4) D. P. 75, 1, 486.

tes du 3 février 1875, que l'arrêt attaqué après avoir
recherché l'intention du donateur et examiné le texte de
la clause, la nature de la stipulation, la consistance de
l'usufruit, la réciprocité de la donation, l'état de fortune
des futurs époux, a décidé que cette disposition devait
être interprétée en ce sens que l'époux donateur n'avait
voulu qu'instituer contractuellement l'époux survivant
en créant à son profit un droit successif ; que cette interprétation est souveraine et n'est point soumise au contrôle de la Cour de cassation. »

Et dans un autre arrêt de la même Chambre du 26 avril
de la même année (1), nous trouvons une règle depuis
longtemps posée par la doctrine et qui trace au juge son
devoir lorsqu'il a le choix entre deux interprétations dont
l'une ferait résulter de la disposition attaquée la charge
absolue de conserver et de rendre, tandis que l'autre y
trouverait seulement l'obligation de rendre *id quod su-
pererit* : s'il y a doute c'est assurément cette dernière
interprétation qui devrait être adoptée. « Attendu, porte
l'arrêt, que si les expressions employées par la testatrice
présentaient quelque ambiguïté, ce doute devrait être
résolu en faveur de la validité du testament. »

Mais encore faut-il qu'il y ait doute et doute légitime ;
et surtout, ajoute M. Demolombe, ne nous arrêtons pas
aux mots et aux tournures plus ou moins habiles ou
captieuses, dont les disposants peuvent se servir ! Il faut
aller au fond des choses et apprécier le caractère réel et
sincère de la disposition attaquée.

Enfin, c'est le cas de rappeler ici une dernière règle que
nous avons précédemment posée en étudiant celles qui

_____

(1) D. P. 75, 1, 485. Voyez dans le même sens 16 mars 1875, D. P.
75, 1, 483 où se trouve une très intéressante consultation de Valette.

sont relatives à l'interprétation des conventions, à savoir que, sous prétexte d'interprétation, le juge ne doit jamais dénaturer une disposition testamentaire. Sans doute c'est avec raison que le texte cité plus haut a pu dire : *voluntatis defuncti quæstio in æstimatione judicis est fideicommissa,* mais cette latitude laissée à l'appréciation du juge n'est pas tellement étendue qu'elle puisse aller jusqu'à lui permettre de méconnaître la volonté du testateur, *semper vestigia voluntatis sequimur testatorum* porte la loi 5 au Code, *de necess. serv. hered.* C'est donc cette volonté qu'il faut suivre pour ainsi dire à la trace, quelquefois à travers le labyrinthe d'une œuvre testamentaire fort compliquée, et, à cet égard, la jurisprudence fournit au juge les fils conducteurs dont il peut et doit faire usage.

Il peut, pour interpréter le testament, recourir tant aux éléments extérieurs qu'aux énonciations mêmes de l'acte, mais il ne doit en général rechercher la volonté du testateur que dans les énonciations de l'écrit testamentaire, *in propriis verbis testamenti, non extrinsecus.* Si le sens de ces dispositions est clair il n'est pas permis aux tribunaux d'en modifier l'application par des considérations empruntées à des documents extrinsèques. Mais si, au contraire, certaines clauses sont obscures ou ambiguës, les juges peuvent puiser dans les actes extérieurs, dans des circonstances étrangères à l'écrit lui-même, des indications de nature à les éclairer sur les véritables intentions du disposant (Jurisprudence constante. Voyez notamment Req., 7 juillet 1869, D. P. 72, 1, 76 et 12 novembre 1872, D. P. 73, 1, 104 et les annotations).

En résumé les rédacteurs du Code ont laissé avec très juste raison, ici comme en bien d'autres matières, la

plus grande latitude à l'initiative et à la souveraineté
du juge et c'est la force même des choses qui le voulait
ainsi.

« S'il est en effet, dit très justement M. Demolombe (1),
une matière essentiellement rebelle à la discipline législative, c'est bien l'interprétation des volontés testamentaires dans l'infinie variété de leurs espèces et avec toutes ces nuances si diverses, si mobiles et pour ainsi dire
ondoyantes qu'elles revêtent incessamment. » Au surplus, la doctrine tout entière reconnaît que les règles sur
l'interprétation des conventions contenues dans les articles 1156 à 1164 du Code civil sont applicables par analogie à l'interprétation des testaments et la règle fondamentale ou supérieure est ici, comme dans les contrats.
celle de l'article 1156.

Que si, pour mieux pénétrer la véritable pensée du
testateur, il était nécessaire d'établir des faits contestés, il n'est pas douteux que le juge pourrait ordonner
la preuve de ces faits même par témoins. La plupart des
auteurs citent ou visent sur ce point un ancien arrêt de
la Cour de cassation dont les termes paraissent contrarier cette doctrine (2) ; mais les savants annotateurs de
Zachariæ, MM. Aubry et Rau (3), ont montré qu'il n'en
était rien, parce que, disent-ils, dans l'espèce où cet arrêt a statué il ne s'agissait point de constater des faits
propres à éclairer le sens de dispositions contenues au
testament, mais de prouver directement que le testateur
avait eu l'intention de faire telles ou telles dispositions.

(1) *Donations entre vifs*, t. IV, n. 738, p. 664.
(2) Civ. cass., 28 octobre 1818, S. 19, 1, 61.
(3) Aubry et Rau, t. VII, p. 460, § 712, note 6.

En rapportant cet arrêt, Merlin (1) avait déjà fait observer que la solution aurait dû être différente s'il se fût
agi de prouver que dans le testament était sous-entendue
une disposition faite au profit d'un incapable, soit d'interpréter le testament par des circonstances extrinsèques à son contenu.

« Nous convenons, dit ici M. Demolombe, que la
distinction est parfois délicate entre ce qui constitue la
substance de la disposition testamentaire de ce qui n'en
est qu'une interprétation ou une explication. Mais cette
difficulté n'est qu'un des multiples aspects d'une question beaucoup plus étendue et complexe, celle de l'admissibilité de la preuve. Ces expressions reviennent
constamment dans le langage de la pratique judiciaire
parce qu'elles répondent à des nécessités presque quoti-
diennes. Aussi le législateur du Code, qui s'est montré
plus sobre encore que celui des Instituts en ce qui touche d'une façon générale l'office du juge, a-t-il au contraire multiplié les prescriptions ou tout au moins les
indications en ce qui concerne le mode d'emploi des
preuves par le magistrat. Et cette préoccupation se comprend aisément. Le juge n'ayant pas le don de divina-
tion ni les plaideurs le privilège d'une loyauté et d'une
sincérité à toute épreuve, il a bien fallu pourvoir au défaut de délicatesse ou de mémoire (2) de ceux-ci et suppléer par des procédés légaux à l'insuffisance des lumières dont le magistrat a besoin pour accomplir son
œuvre en pleine sécurité de conscience.

(1) *Rép.*, V° *Testament*, sect. 2, § 1, art. 11.
(2) Parchemins inventés pour faire souvenir ou pour convaincre les
hommes de leur parole : honte de l'humanité. La Bruyère, *Caractères. De
l'homme*, p. 401.

C'est ce qu'ont fait toutes les législations et c'est ainsi que nous allons rencontrer dans la nôtre, sur l'office du juge en matière de preuve, de nombreuses dispositions dont l'étude fera l'objet du chapitre suivant qui sera l'un des plus importants de ce travail.

CHAPITRE II

La mission ou le devoir du juge peut se résumer ainsi : arriver à la justice par la recherche de la vérité. Or pour le juge comme pour tous, il y a deux sortes de vérités ou, pour parler plus exactement, des vérités de deux sortes. Il y a d'abord les vérités de l'ordre scientifique dont la connaissance s'acquiert par l'étude et la réflexion, et puis, les vérités de fait, c'est-à-dire, suivant l'expression de Domat (1) que nous demandons la permission de citer encore, « de ce qui a été fait, de ce qui est arrivé, comme par exemple... qu'un testamen est faux, que dans un incendie une chose qu'on en avait tirée a été mise entre les mains d'un voisin qui nie le dépôt, qu'un possesseur d'un fonds en a joui pendant dix ou vingt ou trente ans, et une infinité d'autres de plusieurs natures. »

On appelle preuves en justice, d'après le même jurisconsulte, les manières réglées par les lois pour découvrir et pour établir avec certitude la vérité d'un fait contesté (2). Le mot preuve dans son acception générale, dit M. Demolombe (3), signifie la démonstration de la vérité d'un fait. Juridiquement c'est la démonstration de la vérité d'un fait qui est affirmé, dans une

(1) Liv. III, tit. IV, Préambule, p. 209.
(2) *Ibid.*, p. 211.
(3) *Contrats*, t. VI, p. 181, n° 182.

instance, par l'une des parties et qui est nié par l'autre. Nous sommes donc ici essentiellement sur le terrain du fait, et ce que le juge va rechercher c'est la vérité des faits, ainsi qu'en témoigne d'ailleurs le 2ᵉ alinéa de l'article 1315 du Code civil. Il ne s'agit nullement de la vérité du droit, de la vérité scientifique. Celle-ci ne saurait faire l'objet de la preuve judiciaire, elle est le résultat de l'interprétation doctrinale. La loi, dit encore le jurisconsulte que nous citions tout à l'heure, on ne la prouve pas, on la produit, et si elle est obscure; on l'interprète, on la complète. C'est la partie scientifique de la mission du juge et nous venons de nous en occuper dans les premiers chapitres de ce travail. L'esprit si profondément philosophique de Domat avait très nettement discerné et établi cette différence entre les vérités scientifiques et les vérités de fait; le jurisconsulte s'en était expliqué dans les termes suivants :

« Il y a cela de commun à toutes les différentes sortes de vérités, que la vérité n'est autre chose que ce qui est, et connaître une vérité c'est simplement connaître si une chose est ou n'est pas, si elle est telle qu'on dit ou si elle est différente. Mais les preuves qui conduisent à la connaissance des vérités dans les faits sont bien différentes de celles qui établissent les vérités qu'on enseigne dans les sciences. Car, dans les sciences toutes les vérités qu'on peut y connaître ont leur nature fixe et immuable et sont toujours les mêmes nécessairement et indépendamment du fait des hommes et de toute sorte de changement. Ainsi les preuves de ces vérités se tirent de leur nature même et on les connaît ou par leur propre évidence si ce sont des premiers principes et des vérités claires par elles-mêmes, ou si elles

dépendent d'autres vérités leurs preuves consistent dans
l'enchaînement qui les lie entre elles et qui les fait connaître les unes par les autres selon qu'elles sont des
suites nécessaires les unes des autres. Mais dans les
faits qui pouvaient arriver ou n'arriver point comme dé-
pendant de causes dont les effets sont incertains, ce n'est
pas par des principes sûrs et immuables d'où dépendît
ce qui est arrivé qu'on peut les connaître ; mais il faut
venir à des preuves d'une autre nature, et c'est par d'autres voies qu'il faut découvrir cette sorte de vérité. »

« On peut remarquer », continuait le même auteur,
« dans toutes les espèces de preuves de faits en général
qu'encore qu'elles soient différentes de celles qu'on peut
avoir d'une vérité dans une science, il y a toujours cela
de commun à toutes les espèces de preuves en général
que leur force consiste dans la conséquence certaine
qu'on peut tirer de quelque vérité comme pour en conclure celle dont on cherche la preuve ; soit qu'on tire
une conséquence d'une cause à son effet ou d'un effet à
sa cause ou de la connexité d'une chose à une autre (1). »

Ce fondement philosophique de la preuve ainsi exposé nous entrons dans l'examen de notre question :
quel est l'usage que devra faire le juge des différents
modes de preuve mis à sa disposition par la loi ? Le
Code civil en énumère cinq (2) dans l'article 1316 ; il

----

(1) *Lois civiles*, liv. III, tit. VI, préambule.
(2) Or il y a cinq espèces de preuves, sçavoir : la preuve qui se fait par
témoins ; la seconde celle qui se fait par pièces ou titres ; la troisième
qui se fait par serment ; la quatrième par la confession, et la cinquième
et dernière par la vue et aspect de la chose. Et ces cinq sortes de preuves sont comprises dans ce vers :
     Vox, scriptura, sacrum nomen, confessio, visus.
D'Espeïsses, t. 2, p. 542, tit. X, *Des preuves*, sect. I.

faut y ajouter, d'après le Code de procédure civile, les visites des lieux et les expertises. Mais avant de montrer quel sera l'office du juge selon qu'il devra recourir à tel ou tel de ces modes de preuve, il importe, croyons-nous, de rappeler trois règles générales qui s'appliquent à leur ensemble, les dominent tous et constituent dans notre législation un des principes fondamentaux de l'office du juge.

La première de ces règles est que les modes de preuve admis en matière civile sont limitatifs ;

La seconde qu'ils ne peuvent être admis que dans les cas et sous les conditions déterminés par la loi ;

La troisième enfin que le juge ne doit s'arrêter qu'aux faits articulés par les parties et ne les tenir pour avérés qu'autant qu'ils ont été régulièrement prouvés.

C'est là le sens du vieil adage : *Secundum allegata et probata judex judicare debet*. « Cette maxime, dit M. Demolombe (1), exprime très exactement le caractère de la mission du juge en matière civile et la double condition sous laquelle il peut prononcer. Son rôle est circonscrit à la fois et par les conclusions des parties qui lui signalent les faits sur lesquels il doit exclusivement statuer et par les prescriptions de la loi qui lui indique le mode de preuve d'après lequel il doit former sa conviction suivant la contestation qui lui est soumise. »

Ainsi il est de doctrine unanime et de jurisprudence constante que le juge n'est point autorisé à tenir et déclarer un fait comme avéré par cela seul qu'il en aurait acquis personnellement une connaissance certaine ou que ce fait serait de notoriété publique (2).

(1) *Contrats*, t. V, p. 194.
(2) Voyez cependant Larombière, *Traité d'obligations*, t. 5, art. 1316, n° 9.

Notons encore comme un principe essentiel que les preuves doivent être administrées contradictoirement, c'est-à-dire en présence de la partie contre laquelle on les invoque et dans l'instance même où on les met en jeu. Ainsi, dit Zachariæ (1), un tribunal civil ne peut puiser la preuve d'un fait contesté, dans une enquête qui a eu lieu devant un tribunal de justice répressive. Ainsi encore, la preuve résultant d'une enquête ne peut être opposée à celui qui n'y a pas été appelé et qui n'y a pas assisté, quoique d'ailleurs il fût partie dans l'instance. Et cette règle, disent MM. Aubry et Rau, s'applique non seulement à la preuve testimoniale, mais à celle que l'on offrirait de faire tant par titres que par témoins.

Ces règles générales et communes à tous les modes de preuves ainsi rappelées ou expliquées, abordons la série des différentes sortes de preuves, c'est-à-dire des divers moyens qui peuvent être mis en usage pour déterminer la conviction du juge. Considérée à ce point de vue, la preuve est directe ou indirecte.

La preuve directe, d'après Zachariæ (2), est celle qui tend à établir le fait contesté entre les parties à l'aide de moyens de conviction empruntés immédiatement à l'expérience et s'appliquant précisément à ce fait.

La preuve indirecte, au contraire, est celle qui ne tend à établir le fait contesté qu'à l'aide d'inductions ou de conséquences tirées d'autres faits connus. Ces inductions constituent ce que l'on appelle des présomptions de fait ou de l'homme (art. 1349, C. civ.).

On considère généralement comme moyens de preuve directe : les actes (*instrumenta*), les témoignages, les

---

(1) T. VIII, p. 161, § 749.
(2) T. VIII, p. 159, § 749.

visites des lieux et certaines expertises. La preuve directe est toujours admise quelle que soit la nature de la contestation, mais il n'est pas toujours loisible aux parties de choisir et par suite au juge d'ordonner tel ou tel mode de preuve indistinctement. La preuve indirecte n'est admise au contraire que dans les circonstances indiquées par la loi (art. 1353, C. civ.). Nous nous occuperons successivement de l'office du juge dans la preuve directe, dans la preuve indirecte et dans la preuve complémentaire, d'après l'ordre même du Code civil.

SECTION I. — De la preuve directe.

§ 1. — Preuve littérale.

Quel sera donc le rôle du juge lorsqu'il se trouvera en présence d'un écrit destiné à constater un fait juridique, c'est-à-dire en présence d'un acte authentique ou sous seing privé ou bien encore d'écritures privées qui n'ont pas le caractère proprement dit de titres ou d'actes ? Et d'abord en présence d'un acte authentique.

A. *Acte authentique.* — L'article 1319 du Code civil dispose qu'il fait pleine foi de la convention qu'il renferme entre les parties contractantes et leurs héritiers ou ayants cause. Néanmoins, ajoute cet article, en cas de plainte en faux principal, l'exécution de l'acte argué de faux sera suspendue par la mise en accusation ; et en cas d'inscription de faux faite incidemment, les tribunaux pourront, suivant les circonstances, suspendre provisoirement l'exécution de l'acte.

Ici se présentent plusieurs questions qui intéressent l'office du juge. En premier lieu, la voie de l'inscription de faux est-elle la seule ouverte à la partie qui entend démontrer la fausseté d'un fait constaté par un acte authentique et qui est de la nature de ceux dont les actes revêtus de ce caractère font foi jusqu'à inscription de faux ?

La Cour de cassation a depuis longtemps jugé l'affirmative par un arrêt de la Chambre civile du 2 juin 1834 (1) qui pose avec une grande fermeté des principes intéressant au plus haut degré la mission du juge en cette matière :

« Attendu que l'inscription en faux soit principal soit incident est le seul moyen légal qui puisse retirer à un acte authentique la foi qui, sans le remède de cette inscription, lui serait irrésistiblement acquise ; avec cette différence que dans l'inscription de faux incident le procès est fait à la pièce seule sans aucunement inculper la personne ; — qu'ainsi la permission de prouver le faux dont un tel acte peut être infecté ne saurait sans une sorte de déni de justice être refusée à la partie contre laquelle on veut s'en prévaloir; que vainement l'arrêt attaqué a distingué entre l'allégation du faux résultant d'une altération purement matérielle et celle du faux résultant d'une altération intentionnelle et frauduleuse de la vérité dans l'acte argué de faux, parce que dans l'un comme dans l'autre cas la foi à l'acte est également ébranlée et que la loi n'ouvre pas d'autre voie légale que l'inscription de faux pour faire réparer le préjudice causé par cette altération. »

(1) D. P. 34, 1, 260.

Le juge devrait donc se refuser soit à procéder à un interrogatoire sur faits et articles, soit à accueillir la délation d'un serment décisoire, soit à entendre des témoins par voie d'enquête ordinaire pour permettre de combattre des faits constatés par un acte authentique et dont cet acte fait foi jusqu'à inscription de faux préalable.

En second lieu la jurisprudence de la Cour de cassation admet toutefois que le juge pourrait, sans inscription de faux préalable, déclarer faux et rejeter comme tel un acte en apparence authentique, mais dont la contexture, la forme et l'ensemble présenteraient des vices matériels tellement palpables qu'un simple coup d'œil suffirait pour se convaincre de la fausseté ou de l'altération de l'acte (1).

Au cas d'inscription de faux faite incidemment, nous avons vu que l'article 1319, 2ᵉ alinéa, donnait aux tribunaux la faculté de suspendre provisoirement, suivant les circonstances, l'exécution de l'acte, parce qu'il n'y a pas dans cette hypothèse, comme en matière criminelle, un point précis de la procédure où la présomption de faux prend un caractère suffisant de vraisemblance et de gravité. Il va sans dire d'ailleurs que, dans le cas de faux incident, la suspension étant facultative, les juges sont souverains appréciateurs des circonstances qui doivent déterminer le sursis.

B. *Acte sous seing privé.* — A la procédure du faux incident civil, seule admissible, comme nous venons de le voir, lorsqu'il s'agit de combattre un fait constaté par acte authentique, correspond, lorsqu'il s'agit d'une con-

(1) Voy. Zach., t. VIII, p. 211, § 755, note 57 et Demolombe, *Contrats*, t. V, p. 255.

testation relative à un acte sous seing privé, la procédure
en vérification d'écritures. Cette procédure se limite aux
seuls actes sous seing privé, mais il ne faut pas perdre
de vue que la procédure de faux est commune à la fois
aux deux sortes d'actes (Voir art. 214, C. pr. civ., qui
débute ainsi : « celui qui prétend qu'une *pièce* signi-
fiée,… etc. »).

Dans le cas, porte l'article 1234 du Code civil, où la
partie désavoue son écriture ou sa signature et dans le cas
où ses héritiers ou ayants cause déclarent ne les point
connaître, la vérification en est ordonnée par justice.

Sous l'empire de notre ancienne jurisprudence et
d'après l'Edit de décembre 1684, le porteur d'un acte
sous seing privé ne pouvait obtenir de condamnation
qu'il n'eût préalablement formé une demande en recon-
naissance d'écriture, mais aucun texte de notre droit
nouveau n'a reproduit la disposition de cet édit qui se
trouve dès lors abrogé par la loi du 25 ventôse an XI.
Au cas de dénégation formelle ou de simple méconnaissance de l'écriture ou de la signature d'un acte sous seing
privé le juge est tenu préalablement à toute condamnation de statuer sur la sincérité de l'acte ; « c'est en effet,
dit très justement Demolombe, la sincérité reconnue de
l'écriture et de la signature qui seule peut faire la force
probante de l'acte sous seing privé (1) ».

On a discuté, mais on ne discute plus la question de
savoir si les juges sont *dans tous les cas* tenus d'ordonner la vérification de l'écriture ou de la signature suivant
les formes déterminées à cet effet par le Code de procédure ou s'ils peuvent, suivant les circonstances, sans

(1) *Contrats*, t. VI, p. 317.

ordonner aucune autre mesure d'instruction, admettre ou refuser à l'acte le caractère de sincérité.

MM. Aubry et Rau (1) enseignent avec M. Demolombe et la plupart des auteurs que l'article 1324 n'est pas rédigé en termes assez impératifs pour que l'on puisse y voir une dérogation à la règle que le juge est expert de droit. La jurisprudence est constante dans le même sens. Ajoutons que la simple déclaration de non-reconnaissance d'une signature n'équivaut pas à une dénégation formelle et n'oblige pas le juge lorsque cette déclaration émane de la personne même à laquelle la signature est attribuée à statuer expressément sur la sincérité de l'acte.

Au point de vue de la procédure, la vérification d'écriture peut se faire tant par titres que par experts et par témoins (art. 135, C. pr. civ.). Ces trois modes sont susceptibles d'être ordonnés cumulativement par le juge qui a également le droit de se déterminer par un seul de ces moyens.

Si les parties ne s'accordent pas sur les pièces de comparaison, l'article 200 du même Code indique celles qu'il ne pourra recevoir que comme telles.

C. *Écritures privées.* — Nous devons maintenant dire quelques mots des écritures privées qui n'ont point le caractère de titres ou d'actes et plus particulièrement des livres de commerce et des registres ou papiers domestiques.

a) Livres de commerce. — L'article 1329 nous dit que les registres des marchands ne font point contre les personnes non marchandes preuve des fournitures qui y sont portées, sauf ce qui sera dit à l'égard du serment.

(1) T. VIII, p. 247, § 756, note 94.

De quel serment s'agit-il dans cette réserve ? Tous les auteurs sont aujourd'hui d'accord qu'il s'agit là du serment supplétoire et MM. Aubry et Rau en donnent avec leur précision habituelle la véritable raison. La réserve qui se trouve à la fin de l'article 1329, disent-ils, serait complètement sans objet si on devait l'entendre du serment litisdécisoire puisque ce serment peut être déféré même en l'absence de tout commencement de preuve. Pour donner un sens à cette réserve il faut admettre que les rédacteurs du Code ont entendu consacrer l'ancienne jurisprudence qui, dans les cas prévus par l'article 1329, accordait au juge le droit de déférer un serment supplétif.

C'est d'ailleurs dans ce cas particulier comme dans tous les autres une simple faculté pour le juge de déférer le serment supplétoire, faculté dont il est libre de ne pas user. Mais, s'il en use, à qui devra-t-il déférer le serment ? D'après M. Bonnier (1), les meilleurs auteurs ont toujours reconnu que c'est au défendeur, c'est-à-dire à la partie non marchande que le serment doit être déféré de préférence. Mais la question reste débattue aujourd'hui comme elle l'était dans l'ancien droit, et il ne nous paraît pas douteux toutefois qu'il n'appartienne au juge de déférer le serment à l'une ou à l'autre des parties suivant les circonstances.

De ce que le juge est autorisé, dans le cas de l'article 1329, à déférer le serment supplétif, faut-il en conclure qu'il est également autorisé à admettre dans le même cas la preuve testimoniale ? Toullier et Zachariæ l'avaient pensé mais les savants commentateurs de ce dernier et avec eux les jurisconsultes les plus autorisés

(1) *Traité des preuves*, n° 780.

ont fait prévaloir l'opinion contraire en se fondant, 1° sur le texte de l'article 1347 qui définit le commencement de preuve par écrit ; 2° sur le caractère exceptionnel de l'article 1329 et 3° enfin sur la portée restrictive que lui ont certainement attribuée les paroles de Joubert lorsqu'il a dit : « Ces registres ne peuvent tout au plus servir qu'à déterminer le juge à déférer le serment. »

b) Registres et papiers domestiques. — A l'inverse des livres des commerçants, les registres et papiers domestiques ne forment pas même un commencement de preuve susceptible d'autoriser la délation du serment décisoire, mais le juge peut les consulter à titre de renseignements et y puiser des présomptions. Toutefois il ne pourrait pas ordonner la représentation de ces livres, à moins qu'il ne s'agit de registres communs aux deux parties, par exemple au gérant et au maître. C'est ce qu'a jugé la Cour de Rennes dans un arrêt du 26 février 1879, D. P. 80, 2, 90. Enfin la Chambre des requêtes a décidé que bien que les registres et papiers domestiques ne fassent pas foi pour celui qui les a tenus, ils peuvent cependant être invoqués en sa faveur pour compléter une preuve qui résulte déjà d'autres documents et notamment de la comparution des parties et d'une enquête dont la validité n'est pas contestée (Req., 31 mai 1881, D. P. 82, 1, 58).

c) Lettres missives. — Nous ne saurions terminer cette étude rapide sur la preuve écrite sans dire au moins un mot des lettres missives qui jouent un rôle si actif dans la pratique judiciaire et dont il est à peine question dans le Code civil. A notre connaissance le mot « lettre » ne s'y trouve employé qu'une fois et c'est dans l'article 1985 au titre du mandat. Il est néanmoins constant que les lettres missives peuvent faire preuve même en matière civile, soit de l'obligation soit de la libération. En l'absence d'une disposition législative, il appartient donc aux magistrats d'apprécier le degré de force probante des correspondances dont on excipe devant eux (1). Mais des lettres missives adressées à de tierces personnes ne peuvent être produites en justice qu'avec le consentement de ces personnes ; et quand elles ont un caractère confidentiel, elles doivent être rejetées du débat, même si les destinataires consentaient à leur production (2). Il appartient au juge, et c'est ici sa mission, d'apprécier en fait le caractère de la lettre et si ce caractère est ou non confidentiel. Au surplus quand doit-on considérer qu'elles ont ce caractère ?

Par plusieurs de ses anciens arrêts la Cour de cassation avait posé comme principe absolu qu'il faut toujours considérer les lettres adressées à des tiers comme confidentielles à l'égard de celui qui les détient ; mais la jurisprudence, dit une note insérée au répertoire périodique de Dalloz sous un récent arrêt de la Cour de Rennes (3), n'a pas tardé à abandonner cette doctrine. En définitive il n'est pas facile de déterminer *a priori* à quels signes se reconnaîtra le caractère confidentiel d'une lettre : il y a là une question de fait et d'appréciation. Tout ce que l'on peut dire, c'est qu'une lettre est confidentielle quand il apparaît de ses termes qu'elle est la traduction de pensées confiées par l'auteur à la discrétion du destinataire.

« Considérant, dit l'arrêt de la Cour de Rennes, que

---

(1) Zachariæ, t. VIII, p. 293, § 760 *ter*.
(2) Demolombe, *loc. sup. cit.* et les autorités citées, p. 579.
(3) Rennes, 24 février 1894, D. P. 94, 2, 295. *Adde* Civ. rej., 19 juin 1895 (D. P. 96, 1, 20).

pour décider si une lettre missive est ou non confidentielle, il faut rechercher si ce caractère ressort de ses
termes, de l'intention de son auteur, du but qu'il s'est
proposé et aussi de la qualité du destinataire. »

Du reste, fait observer très justement Zachariæ, quelle
que soit la décision du juge sur l'admission ou le rejet
des lettres confidentielles, cette décision est souveraine
et ne peut donner ouverture à cassation.

C'en est assez sur l'office du juge en matière de preuve
écrite ; le moment est venu d'aborder la preuve vocale ou
testimoniale, celle qui, suivant la définition de Pothier,
se fait par la déposition des témoins.

§ 2. — Preuve testimoniale.

La mission ou l'office du juge se présente ici sous un
double aspect. Est-il obligé d'admettre en preuve toutes
sortes de faits indistinctement ? A quelles conditions
tiendra-t-il que le fait dont la preuve a été admise se
trouve réellement établi ?

Sur le premier point, il est incontestable que le juge
n'est point asservi au caprice ou à l'inexpérience des
parties et qu'il n'est nullement obligé de vérifier tous
les faits dont elles demandent à faire la preuve. Il conserve ici, comme partout, son droit d'appréciation et son
libre arbitre ; et s'il est lié par les conclusions des parties, en ce sens qu'il doit tenir compte de ces conclusions
et y répondre, il n'est nullement obligé de les accueillir
conformément aux prétentions des plaideurs. Sans doute
il est loisible au demandeur et au défendeur d'alléguer
les faits qui peuvent servir de fondement à leur droit,
mais cette faculté ne s'étend pas à toutes sortes de faits

sans distinction ; pour que le juge soit obligé d'en ordonner la preuve, il faut que, suivant le langage de la
pratique, ces faits soient pertinents, c'est-à-dire qu'ils
aient un rapport précis avec l'objet de la demande, et
qu'ils soient concluants, c'est-à-dire tels que l'on en
puisse tirer des conséquences pour établir le droit de
celui qui les allègue. Au surplus, et c'est un point aujour-
d'hui définitivement acquis en jurisprudence, le juge en
écartant pour défaut de pertinence les faits dont la
preuve a été offerte ou sollicitée ne sera pas obligé de
dire pourquoi il les considère comme non pertinents ;
une simple affirmation de sa part suffira pour que sa
décision à cet égard soit à l'abri de toute censure et spécialement n'encoure point le reproche de n'être point
motivée. C'est ce que l'on exprime en disant que l'appréciation de la pertinence et de l'admissibilité des faits
dont la preuve est offerte rentre exclusivement dans les
attributions du juge du fond (1).

L'article 253 du Code de procédure civile indique
d'ailleurs à quelles conditions la preuve pourra être ordonnée par le juge. Ces conditions sont au nombre de
trois, savoir : que les faits soient admissibles, qu'ils
soient déniés et que la loi n'en défende pas la preuve.
Nous savons déjà ce qu'il faut entendre par l'admissibilité de la preuve et les mots « qu'ils soient déniés » ne
demandent aucune explication ; mais il n'en est pas de
même de la troisième condition ainsi exprimée : et que
la loi n'en défende pas la preuve. Il s'est élevé à cet
égard une difficulté qui touche au devoir du juge et que
nous ne saurions dès lors ne point examiner. La ques-

---

(1) Req., 5 décembre 1892, D. P. 93.1.418 et note.

tion déjà soulevée sous l'empire de l'Ordonnance de
1667 a fait l'objet de sérieuses controverses sous l'empire
de nos Codes. Nous disons de nos Codes, car, suivant
la judicieuse remarque de Boitard (1), elle se rattache
plutôt au droit civil qu'à la procédure. Voici d'ailleurs
en quels termes M. Demolombe l'a posée :

« Le juge peut-il admettre la preuve testimoniale dans
les deux cas où l'article 1341 la déclare inadmissible lorsque la partie contre laquelle cette preuve est demandée
ne s'oppose point à ce qu'elle soit admise ou même y
consent expressément ?

Après avoir fait l'historique et rappelé l'état de la
question sous l'empire de l'Ordonnance de 1667, Demolombe (2) constate que la jurisprudence des arrêts,
d'accord avec la doctrine des auteurs, se prononçait
généralement dans le sens de la négative et il cite à cet
égard de nombreuses autorités ; mais il reconnaît aussi
que c'est la doctrine contraire qui semble prévaloir sous
l'empire du Code civil. Sans discuter à fond la question,
Boitard avait déjà pris parti pour cette doctrine dont le
triomphe semble assuré du moins en jurisprudence.
C'est ce qui résulte d'un récent arrêt de la Chambre
civile (3) qui décide que la prohibition de la preuve testimoniale dans les litiges portant sur une somme ou
valeur excédant 150 francs n'est pas une règle d'ordre
public à laquelle les parties ne puissent pas déroger.
Cette décision ne fait que consacrer la doctrine antérieurement émise dans un arrêt de cassation rendu par la

(1) Boitard, Colmet Daage et Glasson. Sur l'article 253, t. I, p. 192,
n° 474, *in fine.*
(2) *Contrats,* t. VII, p. 201, n° 213.
(3) 23 avril 1894, D. P. 94, 1, 337.

même chambre le 24 août 1880 (1) où il est dit : « que néanmoins le jugement attaqué a rejeté cette offre de preuve sur l'unique prétexte qu'elle était contraire aux dispositions du Code civil concernant la preuve testimoniale ; mais attendu que ces dispositions se bornent à restreindre l'exercice de ce mode de preuve sans le proscrire d'une manière absolue ; qu'elles l'admettent même dans certains cas au nombre des preuves légales, que dès lors les règles qu'elles édictent ne constituent pas des prescriptions d'ordre public auxquelles il soit interdit de déroger par des conventions particulières... etc. »

Il est permis, sinon de contester la valeur juridique de cette doctrine, du moins de constater que d'éminents jurisconsultes l'ont vigoureusement combattue. M. Demolombe (2), notamment, s'appuyant sur les termes de la loi, fait observer qu'elle s'exprime toujours en termes impératifs lorsqu'il s'agit de proscrire la preuve testimoniale et qu'elle présente partout le caractère d'une injonction. Et à qui cette injonction s'adresse-t-elle, se demande l'éminent jurisconsulte. Aux parties ? Non sans doute, car ce ne sont point les parties qui reçoivent, qui admettent la preuve ; elles l'offrent, elles la proposent, et c'est le juge seul qui peut la recevoir ou l'admettre.

Donc c'est aux juges que la loi s'adresse, et tel est bien, suivant le même auteur, le sens évident des articles du Code de procédure civile.

C'est d'abord l'article 253 dont nous avons déjà rappelé les termes. C'est l'article 254 qui n'est ni moins

(1) D. P., 80. 1, 147.
(2) *Loc. cit.*

affirmatif, ni moins catégorique. Tous ces textes témoignent que c'est aux juges en effet que la loi défend en termes absolus d'admettre la preuve testimoniale. Et il est clair que le consentement des parties ne saurait lever pour eux cette défense. Le devoir du juge serait par conséquent de rejeter d'office la preuve testimoniale lorsqu'elle est offerte par le demandeur, même avec le consentement du défendeur, contrairement à la prohibition de la loi ; et s'il a ordonné cette preuve, de ne pas tenir compte du résultat des enquêtes lors du jugement définitif (1).

On ne saurait méconnaître la force de l'argumentation et la justesse des conclusions qui précèdent puisqu'elles s'appuient sur le texte même de la loi ; mais on ne saurait non plus dire aujourd'hui, comme au temps où écrivait Boitard, que les opinions sur la question sont encore incertaines puisque ce ne sont pas seulement les cours d'appel mais la Cour régulatrice elle-même qui, à diverses reprises, l'a résolue dans un sens opposé, fixant ainsi d'une façon définitive le devoir du juge en cette matière.

Nous passons à l'examen de la seconde question, celle de savoir à quelles conditions le juge devra considérer la preuve comme rapportée. Ici nous pouvons poser une règle générale s'appliquant à toutes sortes de preuves et non pas seulement à la preuve testimoniale, c'est que tout dépend de la prudence du juge qui doit discerner si les preuves sont suffisantes ou non pour déterminer sa conviction et rassurer sa conscience. Comme l'avait très justement indiqué la loi romaine (2), il est impos-

---

(1) Cf. Marcadé sur l'article 1348, n° 8, t. V, p. 148.
(2) L. III, § 2, D., de testibus, XXII, 5.

sible de poser *a priori* des règles fixes à cet égard. *Quæ argumenta ad quem modum probandæ cuique rei sufficiant, nullo certo modo definiri potest.* Ainsi s'exprime un rescrit d'Hadrien à Valerius Verus et ce texte ajoute : *hoc ego solum tibi rescribere possum summatim, non utique ad unam probationis speciem cognitionem statim allegari debere, sed ex sententia animi tui te æstimare oportere quid aut credas, aut parum probari opinaris.* Ces sages conseils n'ont rien perdu de leur opportunité. Mais avant d'en arriver à apprécier la valeur d'une preuve le juge a un autre examen à faire et un autre devoir à remplir, il doit se demander si toutes les formalités exigées par la loi pour que la preuve produise son effet ont été remplies. Cette règle est particulièrement importante en matière de preuve testimoniale pour l'administration de laquelle le Code de procédure a édicté toute une série de règles dont l'inobservation est sanctionnée, non seulement par la nullité de l'enquête, mais par la responsabilité directe du magistrat enquêteur. Sans procéder à l'énumération et sans entrer dans le détail de ces formalités, rappelons seulement qu'aux termes de l'article 275 du Code de procédure civile les procès-verbaux feront mention de l'observation des formalités prescrites par les articles 261, 262, 269, 270, 271, 272, 273 et 274 ci-dessus ; qu'ils seront signés à la fin par le juge et le greffier et par les parties si elles le veulent ou le peuvent, qu'en cas de refus il en sera fait mention, le tout à peine de nullité.

D'autre part l'article 292 du même Code porte que l'enquête ou la déposition déclarée nulle par la faute du juge-commissaire sera recommencée à ses frais.

Pourquoi cette disposition ? Parce que, dit Boitard (1), il est impossible d'imputer à la partie la faute du juge-commissaire ; il est impossible de la priver du droit de recommencer son enquête lorsque la nullité de cette enquête provient de l'ignorance ou de l'erreur d'un juge qu'elle n'a pas choisi et à la désignation duquel elle n'est pas libre de se refuser. Ajoutons que le juge-commissaire n'encourt la condamnation aux frais qu'autant que l'enquête a été annulée pour vice de forme.

Après s'être assuré si la preuve a été administrée suivant les formes légales le juge devra se demander alors, mais alors seulement, si elle est concluante. Nous ne saurions mieux faire que d'emprunter ici les règles sur l'office du juge à celui que Daguesseau regardait comme le jurisconsulte des magistrats.

« Le second examen des preuves, d'après les lois civiles (2), consiste à discerner ce qui en résulte pour établir la vérité des faits qu'il fallait prouver soit par des témoins ou par écrit ou autrement. Ainsi pour les dépositions des témoins le juge examine si les faits dont ils déposent sont les mêmes qu'on devait prouver, ou si ce sont d'autres faits dont on puisse tirer des conséquences mêmes de la vérité des faits constatés : si les témoignages sont conformes les uns aux autres, ou si, se trouvant différents, la diversité peut se concilier pour former la preuve ou si elle laisse la chose incertaine : si la multitude des témoins ne laisse aucun doute : si entre plusieurs témoins qui déposent différemment la probité et l'autorité de quelques-uns donne plus de poids à leur témoignage : s'il n'y a point de variation dans une

(1) Sur l'article 292, t. I, p. 530, n° 508.
(2) Liv. III, tit. VI, sect. I, § 12.

déposition : si les faits sont confirmés par une notoriété
publique et un bruit commun dans les cas où ces circonstances peuvent être considérées : si quelques témoins sont suspects de favoriser une des parties ou de
vouloir lui nuire. Ainsi dans les preuves écrites et dans
toutes les autres espèces de preuves il est de la prudence
du juge de discerner ce qui peut suffire pour établir la
vérité d'un fait et ce qui laisse dans l'incertitude : de
considérer le rapport et la liaison que peuvent avoir les
faits qui résultent des preuves avec ceux dont on recherche la vérité, d'examiner si les preuves sont concluantes
ou si ce sont simplement des conjectures, des indices,
des présomptions et quel égard on doit y avoir et enfin
de juger de l'effet des preuves par toutes les différentes
vues que peut donner la connaissance des règles jointe
aux réflexions sur les faits et les circonstances. »

Il n'est pas sans intérêt de noter qu'à l'époque même
où le judicieux auteur des lois civiles écrivait cette page
d'une observation si profonde et digne d'un moraliste
de profession comme tant d'autres passages de son livre,
la législation contemporaine édictait en matière de
preuve testimoniale des règles d'un formalisme étroit
qui contraignaient la conscience du juge et apportaient
les plus fâcheuses entraves à son pouvoir d'appréciation.
C'est ainsi que la règle *vox unius vox nullius* ou,
comme on disait aussi, *testis unus testis nullus* était
encore en vigueur. Sans remonter jusqu'aux Institutes
coutumières de Loysel (1) nous trouvons dans les lois
civiles elles-mêmes la consécration de ces adages. Dans
tous les cas, y est-il dit (2), où la preuve par témoins peut

(1) Liv. V, t. 5, Règle 10.
(2) Liv. III, tit. 6, sect. 4, § 13.

être reçue, il en faut au moins deux et ils peuvent suffire
si ce n'est dans le cas où la loi en demande un plus
grand nombre. Mais un seul témoin, de quelque qualité
qu'il puisse être, ne fait point de preuve. Par contre, les
juges étaient obligés de regarder comme bien prouvé un
fait que deux témoins avaient affirmé véritable. Ce sont
les expressions mêmes de Serpillon dans son commentaire de l'ordonnance de 1667 et cette doctrine était admise sans hésitation (1). Mais notre législation l'a répu-
diée, de même que cette autre règle d'après laquelle la
déposition de trois femmes ne vaut que celle de deux
hommes (2).

Tout est laissé aujourd'hui à l'appréciation discrétionnaire et, suivant l'expression souvent employée par
Domat, à la prudence du juge. M. Demolombe estime
avec raison que nos législateurs ont fait preuve de sens
pratique et de sagesse en s'en rapportant ainsi à la conscience du magistrat. Mais le savant auteur fait justement observer que le pouvoir discrétionnaire du juge
n'est point illimité et que l'on ne saurait par exemple
admettre la preuve par commune renommée en dehors
des cas spécialement prévus par la loi, c'est-à-dire par
les articles 1415, 1504 et 1442 du Code civil. Cependant
reste controversée la question de savoir si cette preuve
est admissible en dehors de ces cas ou si elle peut être
étendue par analogie à des cas identiques. L'affirmative
a prévalu soit en doctrine, soit en jurisprudence et le
juge ne manque pas dès lors à sa mission en admettant
cette preuve, à condition toutefois que l'analogie soit

(1) *Lois civiles*, *ibid.*, § 14.
(2) Rousseau de la Combe, Vo *Témoin*; Demolombe. *Contrats*. t. VII,
p. 211.

manifeste entre le cas où elle serait sollicitée et ceux que la loi a prévus.

La preuve par commune renommée, n'étant d'ailleurs qu'une variété de la preuve vocale, reste par conséquent soumise aux formalités prescrites pour la preuve testimoniale en général. Le pouvoir discrétionnaire du juge est ici le même soit pour admettre ou repousser la preuve offerte, soit pour en apprécier les résultats.

Nous ne saurions encore nous dispenser de dire quelques mots d'une question qui a été examinée par tous les auteurs et qui touche de près à l'office du juge en matière de preuve testimoniale. L'enquête *in futurum* peut-elle être admise sous l'empire de notre législation ? On sait que sur les instances de Lamoignon, l'ordonnance de 1667 avait formellement proscrit ce genre d'enquêtes à cause des dangers qu'elles présentaient et des surprises auxquelles elles donnaient lieu. « On avait vu, disait Ferrières (1), qu'il était très dangereux que la preuve des faits fût reçue avant que la contestation fût formée sans que la partie adverse pût en faire une au contraire. » Le Code de procédure civile n'ayant pas reproduit la prohibition de l'ordonnance, faut-il en conclure que l'enquête *à futur* est autorisée dans notre droit nouveau ? Quelques Cours d'appel l'ont pensé et ont admis ces sortes d'enquêtes. Boitard (2) estime au contraire que le Code de procédure civile supposant par les termes mêmes de l'article 252 que l'enquête n'est demandée qu'incidemment et dans le cours d'une contestation déjà pendante semble reproduire par là même les prohibitions de l'ordonnance. Toutefois le premier con-

(1) *Dictionnaire de droit et de pratique*, Vᵒ *Enquête à futur.*
(2) T. 1, p. 486, nᵒ 470.

tinuateur de Boitard, M. Colmet Daage, estimait que
nos lois actuelles n'interdisant pas ces sortes d'enquêtes, le juge pourrait les admettre en raison de leur utilité. Les anciens abus ne sauraient d'ailleurs se reproduire puisque ce n'est plus la chancellerie qui accordera
sans contrôle le droit de procéder à ces enquêtes. Ce
sont les tribunaux eux-mêmes qui décideront, après
débats contradictoires, si elles doivent être ordonnées.
Telle est aussi l'opinion de M. Bonnier, et encore qu'elle
ait été vivement combattue par Demolombe, c'est à
cette opinion que nous croyons devoir nous ranger,
alors surtout, qu'à notre connaissance du moins, la
Cour de cassation ne s'est jamais prononcée en sens
contraire. Une dernière question se pose enfin relativement à l'office du juge dans le même ordre d'idées et
celle-ci a été tranchée par la jurisprudence des Cours
d'appel.

On sait que le juge peut ordonner la comparution personnelle des parties et c'est un droit dont il use fréquemment, avec juste raison. Peut-il également ordonner la comparution des tiers étrangers au procès pour
les interroger sur les faits de ce procès ? La négative a été
consacrée et très justement croyons-nous par un arrêt
de la Cour de Bordeaux du 24 janvier 1849 (1) qui dispose
« que la loi qui permet aux juges d'ordonner la comparution personnelle des parties ne les autorise pas à faire
comparaître et à interroger avec elles des tiers qui ne
figurent pas dans le procès et ne peuvent être entendus
qu'à titre de témoins ; que dans les cas où la preuve testimoniale est interdite ce serait un moyen facile d'éluder

(1) D. P. 49, 2, 159.

la loi, et que, dans le cas même où elle est permise, la loi l'a entourée de précautions et de garanties dont les parties ne sauraient être frustrées ». Pour compléter ce qui concerne l'office du juge relativement à la preuve directe nous aurions à étudier les règles consacrées par le Code de procédure civile aux visites des lieux et aux expertises, mais ces règles ne nous paraissent pas rentrer dans le cadre de cette étude et nous n'en signalerons qu'une seule, la plus importante de toutes, celle qui touche de plus près à notre sujet et d'après laquelle les juges ne sont point astreints à suivre l'avis des experts si leur conviction s'y oppose (art. 323, C. pr. civ.). Venons donc à la preuve indirecte. Elle fera l'objet de la section suivante.

SECTION II. — De la preuve indirecte.

On appelle preuve indirecte celle qui se fait à l'aide de présomptions de fait ou de l'homme. Aux termes de l'article 1349 du Code civil les présomptions sont des conséquences que la loi ou le magistrat tire d'un fait connu à un fait inconnu ; et l'article 1353 porte que « les présomptions qui ne sont pas établies par la loi sont abandonnées aux lumières et à la prudence du magistrat qui ne doit admettre que des présomptions graves, précises et concordantes et dans les cas seulement où la loi admet les preuves testimoniales, à moins que l'acte ne soit attaqué pour cause de fraude ou de dol ».

Cette disposition qui est du très petit nombre de celles où la loi trace au juge sa mission, est, d'après Marcadé, de la plus haute importance ; elle est de celles qu'il faut se graver profondément dans l'esprit pour ne les jamais perdre de vue. Sa portée en effet est considérable puisqu'elle érige en preuves légales pour tous les cas où le témoignage est admissible, les simples conjectures du magistrat, les simples probabilités que les dépositions des témoins ou les diverses circonstances de la cause peuvent faire naître dans son esprit. Voilà pourquoi la loi fait au magistrat un devoir de n'admettre que des présomptions graves, c'est-à-dire ayant du poids et de nature à faire impression sur une personne sensée ; précises, c'est-à-dire en rapport direct avec le fait à prouver, et concordantes, c'est-à-dire en harmonie entre elles, de telle sorte que les faits sur lesquels elles reposent ne se contredisent pas. Mais cette recommandation ainsi adressée au juge n'a que la valeur d'un conseil et lui laisse toute latitude pour déterminer lui-même les caractères de gravité, de précision et de concordance qu'il doit demander aux présomptions. Aussi est-il, comme on dit, de jurisprudence que la question de savoir si les présomptions, dans les cas où elles sont admises, présentent et réunissent les caractères légaux est appréciée souverainement par les juges du fond. C'est là un des principes fondamentaux de la matière. L'erreur du juge à cet égard ne constitue donc qu'un mal jugé et ne saurait donner ouverture à cassation (1).

En second lieu, de ce que la loi requiert des présomptions concordantes, il ne faudrait pas conclure, comme l'a soutenu Toullier (2), qu'elle exige un *concord* de présomptions, tout étant ici abandonné à la prudence du

_____

(1) Dalloz, *Code civil annoté*, 1353, n° 7 ; Zach., t. VIII, p. 358, § 766.
(2) T. 10, n°s 20, 22.

juge. Nous croyons avec Marcadé, la généralité des auteurs et la jurisprudence qu'il pourrait se déterminer d'après une seule présomption comme d'après un seul témoignage, et suivant l'ingénieuse observation de Marcadé on ne peut regarder le mot concordantes que comme la reproduction irréfléchie d'une idée devenue inapplicable depuis que la règle *testis unus testis nullus* a perdu toute valeur.

Mais les présomptions ne peuvent être admises que dans le cas où la preuve testimoniale est autorisée et c'est là une seconde règle absolue dont la méconnaissance, à l'inverse de la précédente, entraînerait la cassation de l'arrêt qui l'aurait enfreinte.

Enfin les présomptions sont toujours admissibles au cas de dol, de violence, de fraude ou de simulation puisque la preuve testimoniale est toujours admise en pareils cas. La fraude et le dol ne se présument pas, disait l'orateur du tribunat. Mais celui qui les allègue doit être admis à les prouver par témoins ; car si la fraude ne se présume pas, ceux qui la commettent ne manquent pas d'employer tous les moyens pour la cacher. La morale publique exige donc que la preuve testimoniale soit admise en cette matière (1).

Nous terminerons par une observation empruntée à Zachariæ (2) et qui est d'une haute importance au point de vue de cette étude : c'est que cette règle que le juge ne peut considérer comme régulièrement établis que les faits contradictoirement prouvés dans l'instance liée devant lui ne s'applique point à la preuve indirecte, en ce sens qu'il est autorisé à fonder sa décision même sur

(1) Fenet, t. XIII, p. 403.
(2) T. VIII, p. 359, § 766.

des éléments de conviction puisés en dehors de cette instance.

SECTION III. — **De la preuve complémentaire.**

« Comme il arrive souvent », lisons-nous dans les *Lois civiles*, « que celui qui a besoin de prouver un fait contesté n'a ni écrit, ni témoins, ni de présomptions qui puissent suffire, on a recours à tirer de la bouche de la partie la confession de la vérité, ce qui se fait en trois manières. » Ces trois manières ne sont autres que l'aveu, l'interrogatoire sur faits et articles qui est le moyen le plus généralement employé pour obtenir cet aveu et le serment.

Lorsqu'une partie demande l'interrogatoire de l'autre sur des faits qu'elle articule, il dépend de la prudence du juge d'ordonner l'interrogatoire, si les faits sont tels qu'étant reconnus ils puissent servir à la question du procès, ou de ne point l'ordonner si ces faits n'y ont point de rapport ; et c'est encore de la prudence du juge que dépend l'effet que doivent avoir les réponses pour faire connaître la vérité des faits dont il s'agit. Nous ferons observer que le juge devra toujours préférer la comparution personnelle des parties (art. 119, C. pr. civ.) dans les cas où elle est possible, à l'interrogatoire sur faits et articles. Cette procédure surannée, débris de l'ancienne pratique, a beaucoup perdu de son utilité depuis que le Code de procédure a permis heureusement aux tribunaux de faire comparaître les parties à l'audience pour les interroger publiquement. Dans ce

cas, les parties sont témoins dans leur propre cause,
tandis que lorsque la partie comparaît en justice pour y
prêter le serment qui lui a été déféré, elle devient, suivant la judicieuse remarque de Boitard, juge dans sa
propre cause.

Ceci nous amène à parler de l'office du juge en matière d'aveu et de serment.

L'aveu et le serment considérés comme modes de
preuve ont un caractère particulier, c'est que l'on peut
se prévaloir de l'un et de l'autre contre une présomption
légale. D'après l'article 1352 du Code civil la présomption légale dispense de toute preuve (1) celui au profit
duquel elle existe. Cet article ajoute que nulle preuve
n'est admise contre la présomption de la loi, lorsque
sur le fondement de cette présomption elle annule certains actes ou dénie l'action en justice ; mais ce principe
souffre deux exceptions énoncées dans le même article :
à moins qu'elle n'ait réservé la preuve contraire et sauf
ce qui sera dit sur le serment et l'aveu judiciaires.

Le mot *sauf* implique une exception ; la règle étant
que toute preuve contraire est interdite, l'exception signifie évidemment que l'on peut se prévaloir de l'aveu
et du serment contre la présomption invoquée. Et celui
qui l'invoque ne saurait se plaindre puisque c'est lui-
même qui décide le procès. Ainsi, par exemple, dans
l'hypothèse prévue par l'article 1282 qui établit une présomption de libération au profit du débiteur, la preuve
contraire n'est pas admise ; mais le créancier à qui le
débiteur oppose l'exception de libération peut lui défé-

---

(1) Rappelons que quelle que soit la force probante de l'aveu, toutes
les fois que l'ordre public se trouve intéressé, par exemple en matière
de divorce, le juge, malgré l'aveu, doit ordonner la preuve.

rer le serment sur le point de savoir s'il est réellement
libéré. Il peut aussi le faire interroger sur faits et articles pour obtenir un aveu. Si le débiteur refuse de prêter
le serment ou s'il fait un aveu, la présomption tombe.

« Comme on ne vient à faire jurer une partie en sa
propre cause qu'à défaut de preuves », écrivait Domat,
« personne n'est reçu à jurer si le serment ne lui est déféré et ordonné par le juge qui doit reconnaître si les
preuves sont suffisantes ou s'il est nécessaire d'en venir
au serment. »

Cette doctrine, qui est encore aujourd'hui celle de la
jurisprudence, nous paraît contraire au texte de l'article 1357 du Code civil aux termes duquel le serment
décisoire est celui qu'une partie défère à l'autre pour en
faire dépendre le jugement de la cause. La loi attribue
donc une faculté à la partie et non pas au juge et ce
dernier est en général tenu d'admettre le serment lorsqu'il est déféré. Tout en reconnaissant que cette solution est condamnée par la jurisprudence, les annotateurs
de Zachariæ persistent à penser avec lui et avec la doctrine la plus autorisée que ces expressions « le serment
peut être déféré » ne s'appliquent point au juge mais aux
parties puisque la délation du serment litisdécisoire
constitue une proposition de transaction qui ne peut
émaner que de l'une d'elles, et que c'est bien en réalité
la partie et non point le juge qui défère un pareil serment, ainsi que cela résulte nettement de la définition
qu'en donne l'article 1357, 2e alinéa.

A la différence du serment litisdécisoire, le serment
déféré par le juge à l'une des parties n'a rien de tran-
sactionnel. C'est un supplément de preuve que le juge
prescrit pour rassurer sa religion.

Le Code civil a consacré quatre articles au serment
déféré d'office. C'est certainement une des matières du
droit civil où le législateur s'est montré le moins avare
de règles sur l'*officium judicis* et c'est en même temps
une des parties de notre législation qui a le plus donné
prise à la critique. C'est peut-être à tort, disent les annotateurs de Zachariæ (1), que les rédacteurs du Code ont
conservé l'usage du serment supplétif qui présente un in-
convénient bien grave en ce qu'il donne au juge le pouvoir de transporter d'office et par sa seule volonté la
décision du litige du domaine du droit dans celui de la
conscience. Et Laurent, dans ses *Principes* (2), tient à
peu près le même langage. « Pourquoi », se demande-
t-il, la loi permet-elle au juge de déférer le serment à l'une
des parties ? C'est une disposition traditionnelle qu'il
est difficile de justifier. La délation du serment est un
appel à la conscience, appel toujours chanceux. On dit
que le juge défère le serment pour rassurer sa religion.
C'est une singulière façon de rassurer sa conscience que
de le faire aux dépens des plaideurs (3). »

Quoi qu'il en soit, le juge peut, aux termes de l'arti-

(1) T. VIII, p. 359, § 767, note 1.
(2) III, p. 189.
(3) La haute raison et la profonde expérience de Pothier lui inspi-
raient les mêmes préoccupations.
Je ne conseillerais pas néanmoins aux juges, disait-il, d'user souvent de
cette précaution qui ne sert qu'à donner occasion à une infinité de
parjures. Quand un homme est honnête homme il n'a pas besoin d'être
retenu par la religion du serment pour ne pas demander ce qui ne lui
est pas dû et pour ne pas disconvenir de ce qu'il doit ; et quand il n'est
pas honnête homme, il n'a aucune crainte de se parjurer. Depuis plus
de quarante ans que je fais ma profession j'ai vu une infinité de fois
déférer le serment et je n'ai pas vu plus de deux fois qu'une partie ait
été retenue par la religion du serment de persister dans ce qu'elle avait
soutenu. » *Traité des obligations*, édition Bugnet, p. 493.

cle 1366, déférer à l'une des parties le serment ou pour
en faire dépendre la décision de la cause ou pour déterminer le montant de la condamnation. Il ne peut le
déférer que sous les deux conditions énoncées en l'article 1367 dont les termes expliquent pourquoi le serment déféré d'office est ordinairement appelé supplétoire
ou supplétif. Ce texte ne permet au juge de déférer d'office le serment que si la demande n'est pas totalement
dénuée de preuve. La doctrine en a tiré cette conséquence que dans le cas où le témoignage n'est pas autorisé par la loi ce serait seulement au moyen d'un commencement de preuve par écrit que la délation d'office
du serment serait rendue possible.

Le serment supplétif peut être déféré à l'une ou à l'autre des parties suivant les inspirations de la conscience
du juge et c'est par ce motif que l'article 1368 porte que
le serment déféré d'office ne peut être référé par celui
auquel le juge l'impose. Ce dernier seul a le droit de
décider quelle est la partie qui par sa probité, par les
garanties d'honorabilité qu'elle présente, mérite que le
magistrat fasse appel à sa conscience, à moins, disent
tous les auteurs, que, dans une hypothèse spéciale, la
loi n'ait désigné elle-même la partie à laquelle le serment doit être déféré. Tel est notamment le cas de l'article 1369 relatif au serment sur la valeur de la chose
demandée. C'est celui que la doctrine désigne sous le
nom de serment *en plaids* ou *in litem*. Il est fondé sur
la nécessité alors qu'il est impossible de fixer la valeur
de la chose réclamée autrement que par la délation du
serment au créancier.

Le juge, dit cet article, doit même en ce cas déterminer la somme jusqu'à concurrence de laquelle le deman-

deur en sera cru sur son serment. Et pour fixer cette
somme, dit Pothier (1), il doit avoir égard à la qualité de
la personne du demandeur, au plus ou moins de vraisemblance qui paraît dans ses allégations : la qualité
de la cause doit aussi entrer en considération. »

Enfin l'auteur du *Traité des obligations* ajoute, et ce
sont les dernières lignes de cet ouvrage : quand même
le juge s'en serait rapporté sur l'estimation au serment
du demandeur sans lui limiter la somme il ne serait pas
tellement astreint à la suivre qu'il ne pût s'en écarter
s'il la trouvait excessive : *Et si juratum fuerit licet ju-
dici absolvere vel minoris condemnare* (2).

Dans la fixation de la somme, dit Zachariæ, le juge
ne doit prendre en considération que la valeur vénale
de la chose dont la restitution forme l'objet de la demande, et non le prix d'affection qu'elle aurait pour le
demandeur, sauf à faire rentrer dans son appréciation
le dommage réel que le défaut de restitution en nature
peut lui faire éprouver (3).

Ajoutons enfin avec Marcadé (4) que la délation du
serment supplétif n'étant qu'une affaire d'instruction,
de renseignement pour le juge, il s'ensuit que si le magistrat, après avoir rendu le jugement qui l'ordonne, arrive autrement et par la découverte de nouveaux éléments de décision à se procurer une conviction complète,
il pourra déclarer non avenu le jugement qui ordonnait
un serment désormais inutile.

Arriver à une conviction complète, c'est là pour le

(1) *Op. cit.*, 10ᵉ partie, ch. III, sect. IV, art. 3, p. 492.
(2) L. 5, § 2, D., *in litem jur.*
(3) T. VIII, p. 635, § 768.
(4) Art. 1368, t. V, p. 233.

juge le but suprême de son ambition et le dernier terme de ses efforts. Mais qu'il parvienne ou non à atteindre ce but, qu'il reste encore ou non quelques hésitations dans son esprit ou quelques inquiétudes au fond de sa conscience, il n'en doit pas moins se décider et prononcer, c'est-à-dire faire connaître publiquement son opinion arrêtée et définitive. En un mot, il doit juger et c'est du jugement qu'il nous reste maintenant à parler.

CHAPITRE III

SECTION I. — De la rédaction du jugement.

Un petit ouvrage, publié à Paris sans nom d'auteur en
1556 (1), nous apprend que « jugement est une discepta-
tion de controversie et acte légitime qu'on faict en un
siège où l'on expédie causes qui est constitué d'un juge,
un demandeur et un défendeur. La substance duquel
consiste ès trois personnes susdites : car si l'une d'icel-
les deffault ce ne sera point jugement ». Cette originale
définition se rapporte plutôt à l'instance (*judicium*) qu'au
jugement proprement dit (*sententia*). Aussi le même
auteur dans la Vᵉ partie de son ouvrage s'exprime-t-il
comme suit (2) : « Le juge après qu'avecques les gens de
conseil a délibéré et consulté, tout parfaict ce qui appartient à faire en un procès, il n'a plus sinon à prononcer
la sentence. Et fault en premier lieu sçavoir que sentence est une définition judiciale mettant fin à controversie. » C'est bien là ce que nous entendons nous-
même par le mot jugement. L'office principal du juge
consiste en effet à *rendre* la justice, en d'autres termes

(1) Sous ce titre : *Le thrésor de pratique pour les juges, advocats et
procureurs.* A Paris pour Vincent Sertenq libraire tenant sa boutique
au Palais en la gallerie par où l'on va à la Chancellerie et en la rue
Neuve Nostre-Dame à l'enseigne S. Jean l'Evangéliste.
(2) De la prolation de la sentence.

à dire aux parties en cause quel est leur droit. Tout doit concourir à procurer aux plaideurs une décision aussi juridique que possible et toutes les règles tracées au juge pour lui faciliter l'accomplissement de sa mission tendent à ce but.

Il ne va être question ici que de la substance même du jugement, de ce qu'il doit contenir et nullement des conditions extrinsèques de sa régularité. C'est à la rédaction même du jugement que nous allons plus particulièrement nous attacher (art. 141 et suiv. C. pr. civ.), et dans ce qui concerne cette rédaction à la partie qui est l'œuvre personnelle du juge. Cette partie se décompose en deux éléments distincts, qui n'ont point une égale importance mais qui n'en sont pas moins également essentiels l'un et l'autre : le dispositif et les motifs.

En les qualifiant d'également essentiels nous ne nous plaçons bien entendu qu'au point de vue de la validité même du jugement, car une décision judiciaire qui ne contiendrait point de motifs serait entachée de nullité au même degré qu'une sentence qui ne contiendrait pas de dispositif, si toutefois une telle sentence se pouvait concevoir. Mais en réalité, ce qui constitue le jugement, ce qui en est l'essence, c'est le dispositif. C'est là que se trouve la décision proprement dite, c'est-à-dire tout ce que le juge déclare et ordonne en prononçant sur le différend porté devant lui. C'est le dernier mot du procès, celui que les parties tendaient à obtenir de la justice en se présentant devant elle et qui aura l'autorité de la chose jugée.

En parlant de dernier mot du procès nous écartons par là tout ce qui est relatif aux jugements provisoires, préparatoires et interlocutoires pour nous placer en présence de la seule hypothèse d'un jugement définitif, c'est-à-dire statuant sur le fond même du litige.

C'est dans l'article 141 du Code de procédure civile que se trouve l'indication des divers éléments constitutifs du jugement et des diverses parties dont se compose pour ainsi dire son organisme. Les unes sont l'œuvre du greffier, les autres celle des avoués, les troisièmes enfin, à savoir les motifs et le dispositif, appartiennent exclusivement au juge lui-même.

Tout jugement proprement dit doit être motivé (1). Telle est la règle invariable et absolue à laquelle aucun juge ne peut se soustraire. Cette règle introductive d'un droit nouveau (2) a été empruntée à l'article 15, tit. V de la loi du 24 août 1790 par l'article 141 du Code de procédure civile et sanctionnée par l'article 7 de la loi du 20 avril 1810 sur l'organisation de l'ordre judiciaire et de l'administration de la justice. Nous avons dit que cette règle fondamentale et pourtant si souvent méconnue était introductive d'un droit nouveau en dépit de ce que l'on peut lire dans Henrion de Pansey au chapitre des devoirs des juges et des règles qu'ils doivent suivre dans l'exercice de leurs fonctions.

« Dans notre nouvelle organisation judiciaire, écrivait l'illustre magistrat, les juges doivent consigner dans leurs jugements les motifs de leurs décisions. Les an-

---

(1) Les actes judiciaires que l'on appelle jugements de remise de cause, les constatations de certains faits sur la feuille d'audience n'ont pas besoin d'être motivés. Il en est de même des jugements simplement préparatoires, mais les jugements interlocutoires doivent être motivés. Colmet Daage sur Boitard, c. I, p. 263.

(2) Voyez cependant Henrion de Pansey, p. 169 et Dall., *Rép.*, V° *Jugement*, n° 947.

ciennes ordonnances de nos Rois leur imposaient la
même obligation, mais plus prévoyantes et plus sages
que les lois nouvelles elles ne se bornent pas à dire
comme elles les jugements seront motivés ; elles portent
leur sollicitude beaucoup plus loin : elles assujettissent
la rédaction des jugements à des règles telles que les
motifs qu'elles renferment sont nécessairement ceux
qui ont déterminé l'opinion de la majorité. La loi du
24 août 1790 qui a rétabli l'ancien usage n'ayant prescrit aucune règle à cet égard, on doit naturellement se
référer à celles qui existaient auparavant. Elles sont
principalement consignées dans une ordonnance de
Philippe de Valois du 11 mars 1344 (1). » On était en
droit de s'attendre à trouver dans la suite de ce passage
le texte même des règles annoncées par l'éminent jurisconsulte et qui auraient été d'un si grand prix dans cette
matière de haute importance où le législateur a fait
preuve d'un laconisme si discret, laissant ainsi à la jurisprudence le soin de tout faire. Malheureusement,
ainsi qu'on l'a fait remarquer avec juste raison, l'ordonnance précitée ne contient pas un mot sur l'obligation de
motiver les jugements et les articles reproduits par Henrion de Pansey sont absolument étrangers à cette prescription. Certes les dispositions de l'ordonnance sont

---

(1) En voici les principales dispositions :
Art. 3. — Six jours au plus tard après qu'un arrêt aura été rendu, le
juge chargé de sa rédaction le rapportera à la Chambre ; et cela lui est
enjoint sur son serment.
Art. 4. — Ils lisent leur arrêt et sitôt qu'on leur dira la correction,
ils la fassent, écrivent et relisent.
Enfin l'article 8 leur enjoint de faire leur arrêt en leur maison, après
dîner ou de nuit, et non pas en la Chambre, s'il n'était besoin d'en parler à leur compagnie.

très sages et contiennent les plus utiles conseils, mais
elles ne disent rien de la recette annoncée, s'il est permis
d'employer une expression aussi vulgaire ; il est constant au contraire que, dans notre ancienne France, tout
au moins au cours des deux derniers siècles, quoique
l'on puisse induire de quelques documents plus curieux
que probants (1) exhumés par certains auteurs, les décisions judiciaires n'étaient pas motivées. « Ancien-
nement », dit la Roche Flavin (2), « les juges avaient coutume d'insérer dans leurs sentences, jugements et arrêts
la cause ou le motif de la condamnation ou absolution ;
mais aujourd'hui (1617) cela n'est plus en usage et les
arrêts et sentences ne contiennent que ce qui est ordonné
simplement, sans autre raisonnement, soit au civil, soit
au criminel. » Jousse (3) approuvait fort ce procédé ; « il
n'est pas nécessaire », disait-il, « que les juges expriment
les motifs de leurs jugements. S'ils veulent le faire cela
dépend d'eux : néanmoins il vaut mieux ne pas déclarer
ces motifs, afin de ne pas donner lieu à des chicanes de
la part de celui qui aura perdu sa cause. » Encore que
cette dernière observation ne laisse pas que de témoi-
gner d'une incontestable perspicacité, peut-être même
d'une précieuse expérience, il ne faut pas hésiter à condamner l'opinion de Jousse pour approuver au contraire
sans réserve celle qui a prévalu dans notre législation
moderne. Le génie de Bacon ne s'y était pas trompé :
Ne decreta exeant cum silentio, disait-il dans son
38ᵉ aphorisme, *sed judices sententiæ suæ rationes addu-*
cant, idque palam atque adstante corona. Le philosophe

(1) Dalloz, *Rép.*, Vᵒ *Jugement*, nᵒ 847, p. 457.
(2) Les XIII Livres des Parlements de France.
(3) *Administration de la justice*, t. 2, p. 24.

posait ainsi le double principe de la nécessité de motiver les décisions judiciaires et de l'obligation de les prononcer publiquement. Ce sont là deux des fondements
les plus solides de notre administration judiciaire en
même temps qu'une garantie des plus précieuses pour
les justiciables et une des sources les plus abondantes
et les plus riches de la science juridique.

Revenons donc à l'article 7 de la loi du 20 avril 1810.
Ce texte d'une importance capitale mérite d'être reproduit intégralement :

« La justice est rendue souverainement par les cours
impériales et leurs arrêts, quand ils sont revêtus des formes prescrites à peine de nullité, ne peuvent être cassés
que pour une contravention expresse à la loi. Les arrêts
qui ne sont pas rendus par le nombre de juges prescrit
ou qui ont été rendus par des juges qui n'ont pas assisté
à toutes les audiences de la cause, ou qui n'ont pas été
rendus publiquement, ou qui ne contiennent pas de
motifs sont déclarés nuls. »

Cette disposition, dit Boitard, facile à justifier, à concevoir dans la pratique, donnera souvent lieu dans l'application à des questions délicates et que nous ne pouvons qu'indiquer parce qu'elles sont des questions de
fait bien plus que des questions de droit.

En réalité il n'est peut-être pas de disposition de nos
Codes qui ait donné lieu à de plus fréquentes difficultés,
et la violation de l'article 7 de la loi du 20 avril 1810 est devenue pour ainsi dire un moyen de style dans la plupart
des pourvois dont la Cour de cassation est saisie. Il suffit
pour s'en convaincre d'ouvrir au hasard un recueil de
jurisprudence et d'y jeter un coup d'œil. Les décisions
de la Cour suprême à cet égard sont de tous les jours,

on pourrait presque dire de toutes les heures ; ce que
l'on appelle en jurisprudence les précédents ne se compte
plus. Aussi, bien qu'il soit parfois difficile, comme l'a-
vait si justement remarqué Boitard, d'apprécier si oui
ou non il a été satisfait par le juge aux prescriptions
de l'article 7, on peut néanmoins dégager de l'encom-
brante multiplicité des décisions intervenues sur ce
point quelques règles hors de toute contestation et susceptibles de fournir aux juges des indications utiles.
Nous essaierons de rappeler les plus essentielles.

Il faut partir de cette idée que les motifs sont les raisons de fait ou de droit qui ont déterminé le juge à se
prononcer dans tel ou tel sens, à rendre telle ou telle
décision. Nous disons des raisons de fait ou de droit
parce qu'un jugement n'est pas une solution scientifique
et doctrinale, c'est une sentence sur un litige déterminé ;
c'est le dernier mot prononcé sur une contestation à
laquelle il s'agit de mettre un terme. Les plaideurs,
qu'ils soient ou non d'accord sur les faits, sont nécessairement et dans tous les cas obligés de les soumettre à
leur juge. Celui-ci par contre doit aussi nécessairement
en tenir compte, de telle sorte qu'un jugement qui ne
contiendrait que la solution d'un point de droit sans
énonciation d'aucun fait devrait être cassé pour défaut
de motifs (1). Mais notre loi qui n'est point formaliste
laisse le juge complètement libre du choix des motifs qui
doivent servir de fondement à sa décision ; il peut les
prendre où bon lui semble, dans les conclusions et les
plaidoiries ou ailleurs ; il n'importe ; le seul point essentiel est qu'ils justifient la décision, c'est-à-dire le dispositif.

(1) Dall., *Rép.*, Vº *Jugement*, nº 963, 7º.

Il résulte de ce principe que le juge n'est nullement
tenu de reproduire pour les discuter tous les arguments
présentés, tous les moyens invoqués par les parties
dans leurs conclusions ou leurs plaidoiries et que d'autre part, suivant une formule consacrée, il n'est point
obligé de donner les motifs de ses motifs. Cette formule
signifie qu'il n'est point nécessaire que les motifs sur
lesquels repose une sentence soient eux-mêmes ap-
puyés de développements justificatifs (1). Il suffit que la
pensée du juge soit claire et que la raison qui l'a déterminé ait été nettement indiquée.

A côté de la règle que tout jugement doit être motivé
vient se placer cet autre principe que les motifs, bien
que faisant partie intégrale et essentielle du jugement,
ne le constituent pas et que c'est le dispositif seul qui
contient la véritable décision et la chose réellement
jugée. Les motifs ne peuvent donc pas servir de base à
un pourvoi, mais ils servent souvent à expliquer le dispositif et plus spécialement à établir que le dispositif a
jugé la véritable question du procès lorsqu'elle a d'ailleurs été appréciée dans les motifs en vertu de l'adage :
*pro expressis habentur quæ necessario descendunt ab
expressis* (2).

Mais à quelles conditions un jugement doit-il être
considéré comme suffisamment motivé ? Telle est la
question fondamentale que le juge doit se poser lorsqu'il
rédige sa décision. Nous disons suffisamment motivé,
car il est de principe que la généralité ou l'insuffisance
des motifs n'est pas comme le défaut de motifs lui-même

---

(1) Req., 28 décembre 1855, D. P. 56, 1, 56.
(2) Req., 27 mars 1838. Dalloz, *Rép.*, V° *Jugement*, n° 1048, note 2,
p. 496.

une cause de nullité des jugements. Il est d'ailleurs impossible de répondre d'une façon catégorique et qui ne
laisse subsister aucune incertitude à la question que
nous examinons. On peut toutefois tenir pour certain
que le juge doit donner des motifs sur chaque chef de
conclusions susceptible d'aboutir à un dispositif, que ces
conclusions soient principales ou subsidiaires, qu'elles
se réfèrent à des exceptions, à des fins de non-recevoir
ou au fond même du débat. Mais nous ne parlons bien
entendu que des conclusions formelles, déposées à l'audience sur le bureau du tribunal et non pas de conclusions simplement signifiées qui ne saisissent pas le juge;
des seules conclusions enfin qui figurent dans les qualités de la décision, qui s'y trouvent exactement préci-
sées, qui n'ont pas été explicitement ou implicitement
abandonnées par les parties, qui ne sont pas tardives et
qui ne contiennent pas uniquement des arguments ou
de simples considérations. Insistons sur ce dernier
point. La jurisprudence décide, en effet, depuis longtemps et d'une façon constante que le juge n'est pas tenu
de répondre à tous les arguments développés au nom des
parties à l'appui de leurs conclusions proprement dites.
« Attendu en droit, dit un arrêt des requêtes précédé et
suivi d'une foule d'autres dans le même sens, que les
tribunaux ne sont tenus de répondre qu'aux moyens qui
leur sont soumis et non aux considérations et arguments
présentés à l'appui de ces moyens (1). »

Mais, d'autre part, il importe et il faut que les motifs
donnés par le juge soient suffisamment explicites et
sérieux pour justifier sa décision ; de telle sorte que l'on

_____

(1) Req., 24 décembre 1874, D. P. 75, 1, 232.

ne puisse pas dire qu'ils n'ont de motifs que l'apparence ou que le juge a décidé la question par la question.

Par contre la jurisprudence de la Cour suprême admet et reconnaît la légitimité et la suffisance des motifs implicites et virtuels, c'est-à-dire résultant des termes mêmes du dispositif de la décision (1).

Nous ne saurions pousser plus loin l'étude de cette matière si importante et si pratique sans donner à cette partie de notre travail des proportions exagérées ; qu'il nous suffise d'ajouter que les règles dont nous venons de parler s'appliquent aussi bien aux jugements par défaut qu'aux décisions contradictoires et qu'elles s'étendent à tous les degrés de juridiction.

Le moment est venu de dire quelques mots du dispositif.

Le dispositif c'est en réalité le jugement : c'est la décision proprement dite, c'est l'ordre ou la déclaration du juge qui fixe le droit des plaideurs et qui, se basant sur les motifs précédemment déduits, tranche le différend, soit en prescrivant ce qui doit être fait, soit en prononçant une condamnation formelle. Sans dispositif point de jugement.

Le dispositif doit porter sur tous les chefs de demande, mais uniquement sur ces chefs tels qu'ils résultent des conclusions. C'est donc sur les conclusions que le juge doit avoir l'œil constamment fixé quand il rédige sa sentence. Les conclusions prises par les parties délimitent le pouvoir du juge, et les tribunaux sont tenus de répondre à toutes ces conclusions sous peine de méconnaître les droits de la défense. La Cour de cassation n'a

(1) Req., 4 mai 1859, D. P. 59,1,314.

que trop souvent l'occasion de rappeler ce principe dont
elle a fait récemment une application très intéressante
dans une affaire Dumecq c. veuve Marty (1).

Cet arrêt décide que les juges devant lesquels une
compensation est demandée par des conclusions formelles ne peuvent se dispenser de l'admettre ou de donner
les motifs qui s'opposent à ce qu'elle soit admise; il
décide en outre que l'arrêt qui, après avoir déclaré dans
ses motifs qu'il n'y a point lieu de statuer sur une compensation demandée, statue néanmoins dans son dispositif, en augmentant, conformément aux conclusions
prises par le créancier en appel, le chiffre de la condamnation qu'il avait réclamée en première instance, doit
être annulé comme n'étant pas suffisamment motivé.

Rien de plus varié d'ailleurs que la teneur des dis-
positifs. Vinnius dans son commentaire des Instituts
au titre *de officio judicis* avait essayé de les grouper
dans des catégories distinctes, mais ces qualifications
ont toujours quelque chose de factice et d'artificiel. Il
avait signalé cependant comme se rapportant à cette
partie si essentielle de l'*officium judicis* le pouvoir donné
au juge d'accorder ou de diminuer les délais et de prononcer des condamnations accessoires (2). Il convient
d'en dire quelques mots.

On trouve à cet égard dans le Code de procédure civile,
au titre des jugements, certaines dispositions qui, suivant une judicieuse remarque (3), tiennent de beaucoup

(1) Civ. cass., 2 février 1891, D. P. 91, 1, 198 et la note.
(2) Dare et moderari dilationes... jubere cavere stipulatione judiciali;
denique de re cognita pronuntiare nam et sententiæ judicis quod merce-
narium vocant pronuntiatur tam super re principali quam super usuris,
fructibus, sumptibus litis, aliisque accessionibus.
(3) Boitard, t. 1, p. 258, n° 256.

plus près au droit civil qu'à la procédure et qui, dans
tous les cas, touchent de trop près à la mission du juge
pour que nous puissions les passer complètement sous
silence. Tel est notamment l'article 122 d'après lequel,
dans les cas où les tribunaux peuvent accorder des
délais pour l'exécution de leurs jugements, ils le feront
par le jugement qui statuera sur la condamnation et qui
énoncera les motifs du délai. Cette disposition doit être
rapprochée de celle que contient l'article 1244 du Code
civil, aux termes duquel le débiteur ne peut point forcer
le créancier à recevoir en partie le paiement d'une dette
même divisible. « Les juges peuvent néanmoins, en
considération de la position du débiteur, et en usant de
ce pouvoir avec une grande réserve, accorder des délais
modérés pour le paiement et surseoir l'exécution des
poursuites, toutes choses demeurant en l'état. »

Ce texte déroge manifestement à la rigueur du droit
qui veut que le débiteur ne puisse faire un paiement
divisé. On comprend, en effet, qu'autoriser un paiement
de cette nature serait violer le droit du créancier qui
forme une loi pour le débiteur. La loi permet néanmoins
de porter atteinte au droit strict mais rigoureux du
créancier en permettant au juge de lui accorder un délai
de grâce. C'est, dit Laurent, dans son *Cours élémen-*
taire de droit civil (1), une exception fondée sur un
devoir d'humanité. C'est un de ces cas très rares où
l'équité l'emporte sur le droit ; il a fallu pour cela une
loi formelle, ce qui confirme la règle d'après laquelle le
juge ne peut point, par des considérations d'équité, modifier les conventions des parties contractantes. On

(1) T. III, p. 16.

décide généralement que le juge qui peut accorder des
délais modérés pour le paiement peut aussi permettre
au débiteur de diviser les paiements. Le texte de la loi
tranche en effet la difficulté. L'article 1244, dit à cet
égard le jurisconsulte que nous venons de citer (1),
commence par poser le principe de l'indivisibilité du
paiement : ce qui veut dire que le débiteur ne peut pas
payer sa dette en plusieurs termes. Puis vient l'exception à la règle : celle-ci établissant l'indivisibilité du
paiement, l'exception doit consacrer la divisibilité, ce
qui permet au juge d'accorder plusieurs termes. Tel
est aussi l'esprit de la loi : elle veut faciliter au débiteur
le moyen de se libérer : elle doit donc lui permettre de
payer par termes. L'article 1244 dit enfin que le juge
peut, en accordant des délais pour le paiement, surseoir
l'exécution des poursuites. Le pourra-t-il, alors même
que le créancier est porteur d'un titre exécutoire ? Boitard, dans une très intéressante dissertation, avait enseigné la négative, mais la jurisprudence s'est généralement prononcée en sens contraire. Elle décide également
que la faculté pour le juge d'accorder des délais de paiement cesse encore lorsque le débiteur a renoncé dans le
contrat à réclamer aucun délai de justice, l'article 1244
ne contenant pas une disposition d'ordre public à laquelle on ne puisse déroger.

Les tribunaux sont d'ailleurs souverains pour apprécier les circonstances qui peuvent les déterminer à accorder des délais au débiteur, mais ils ne doivent les
accorder que sous les conditions spécifiées par l'article 1244, 2ᵉ alinéa ». En un mot « dit excellemment Boi-

(1) *Loc. cit.*, p. 17.

tard (1), « les tribunaux ne doivent jamais oublier, en usant du pouvoir que cet article leur confère, qu'ils font un acte exceptionnel, qu'ils dérogent à la convention, à la volonté primitive des parties et qu'ils n'y doivent déroger qu'avec toute la circonspection que la loi leur commande ».

Les articles 124 du Code de procédure civile, 1900, 1656 et 1661 du Code civil fixent au pouvoir du juge en cette matière des limitations qu'il suffit de signaler sans qu'il soit besoin d'y insister.

Mais d'autre part, ainsi que nous l'a laissé pressentir le texte de Vinnius cité précédemment, nos lois ont établi en matière de condamnations accessoires certaines prescriptions dont nous devons dire quelques mots pour compléter ce qui concerne l'office du juge sur le point spécial que nous traitons dans ce chapitre. Ces condamnations accessoires peuvent porter sur les fruits, sur les intérêts et sur les dépens.

Les Instituts au titre *de officio judicis* avaient déjà fait remarquer (§ 2) que dans le cas d'action réelle, si le juge prononce contre le demandeur, il doit absoudre le possesseur ; que si, au contraire, il juge contre le possesseur, il doit lui ordonner de restituer la chose avec les fruits. La restitution des fruits n'est pas autre chose qu'une espèce de dédommagement que doit celui qui a indûment joui du revenu d'un autre, car cette restitution répare la perte que cette jouissance a causée à celui qui devait jouir (2). Nous n'avons pas à dire ici dans quels cas il y a lieu de prononcer des condamnations pour restitution de fruits. Le Code civil en offre de nombreux

(1) T. 1, p. 262, n° 258.
(2) *Lois civiles*, l. III, t. V, sect. 3.

exemples, notamment dans l'article 549 qui prévoit l'hypothèse du paragraphe 2 des Instituts que nous avons
mentionnée tout à l'heure. Une théorie complète de la
restitution des fruits serait ici hors de propos et nous
nous bornerons à rappeler la disposition de l'article 129
du Code de procédure civile, qui indique comment se
doivent faire ces restitutions. Aux termes de cet article,
les jugements qui condamneront à une restitution de
fruits ordonneront qu'elle sera faite en nature pour la
dernière année et, pour les années précédentes, suivant
les mercuriales du marché le plus voisin eu égard aux
saisons et aux prix communs de l'année, sinon à dire
d'experts à défaut de mercuriales. Ces modes d'évalua-
tion sont facultatifs pour les juges qui peuvent et doivent même se dispenser d'y recourir s'ils trouvent dans
les divers documents du procès les éléments nécessaires
pour statuer. La Cour de cassation l'a jugé ainsi par un
arrêt du 16 novembre 1874 (1) où nous lisons : « Attendu que si l'arrêt attaqué déclare que le compte de
fruits rendu par les défendeurs et débattu entre les parties était dénué de pièces justificatives et n'offrait pas
de base certaine d'appréciation, il constate en même
temps que cette insuffisance de production se justifiait
par la position exceptionnelle des rendants compte ;
qu'il constate en outre qu'en l'absence d'un état détaillé
de recettes et de dépenses annuelles d'exploitation de
l'immeuble revendiqué par les demandeurs, les documents de la cause permettaient de déterminer la somme
à laquelle aurait dû s'élever le revenu de cet immeuble
pendant la durée de la possession des défendeurs. »

(1) Civ. rej , D. P. 76, 1, 393.

Indépendamment des restitutions de fruits le plaideur qui succombe peut être condamné à des intérêts. Il ne faut pas confondre cette condamnation avec celle dont nous avons eu précédemment à nous occuper en traitant de la faute et qui a pour objet les dommages-intérêts. Une condamnation de ce dernier genre se présente généralement sous la forme d'une condamnation principale et directe tendant à la réparation d'un préjudice causé soit par l'inexécution tardive d'un contrat, soit par un délit ou quasi-délit. Autres sont les condamnations aux intérêts proprement dits ; elles ont bien quelquefois encore le caractère d'un dédommagement, par exemple pour retard dans l'exécution d'un contrat ayant pour objet une somme d'argent, et telle est l'hypothèse prévue par l'article 1153 du Code civil. Mais indépendamment de ces intérêts que l'on désigne sous le nom de moratoires en raison du fait générateur qui les produit, la pratique reconnaît encore d'autres intérêts que l'on appelle compensatoires. Ces derniers sont eux-mêmes de deux sortes, conventionnels ou judiciaires. « Il résulte, disait Domat (1), de toutes les règles qui ont été expliquées dans cette section qu'on peut réduire à quatre sortes de causes toutes celles qui peuvent donner lieu à des intérêts. Car ils peuvent être dus ou par l'effet d'une convention comme s'ils sont stipulés par une transaction (2) ; ou par la nature de l'obligation comme les intérêts d'une dot et ceux du prix de la vente d'un fonds ; ou par une loi comme ceux que les tuteurs doi-

---

(1) *Lois civiles*, L. III, tit. V, section 1, § 14.
(2) Nul n'ignore d'ailleurs que dans une dissertation célèbre approuvée par Daguesseau et réfutée depuis par Troplong et par bien d'autres, Domat a condamné le prêt à intérêt.

vent aux mineurs des deniers dont ils ont manqué de
faire un emploi ; ou pour la peine d'un débiteur qui est
en demeure de payer après que le créancier lui a fait une
demande en justice et de son principal et des intérêts
faute de l'acquitter. »

Il est à remarquer que cette énumération qui se réfère aux intérêts conventionnels légaux et moratoires
ne comprend pas la seule catégorie d'intérêts sur lesquels notre attention doit plus spécialement se porter :
les intérêts compensatoires. On les oppose, avons-nous
dit, aux intérêts moratoires et on les divise en conventionnels et judiciaires : conventionnels lorsqu'ils ont
été stipulés par le créancier pour prix de la jouissance
d'un capital prêté, et judiciaires lorsqu'ils sont, suivant
Demolombe (1), « alloués au créancier par le juge pour la
réparation de tout autre dommage que celui résultant
d'un retard dans l'inexécution d'une obligation ayant
pour objet une somme d'argent et comme complément
accessoire de l'indemnité pécuniaire à laquelle le débiteur est condamné envers lui ».

Il importe de ne pas les confondre ; et depuis longtemps
en effet la jurisprudence les a nettement distingués.
Elle décide que l'article 1153 ne s'applique qu'au cas où
le préjudice provient du simple retard, autrement dit
aux intérêts moratoires ; si d'autres causes de préjudice
co-existent, et si, par exemple, le créancier a à se plaindre
de vexations de la part de son débiteur, des dommages-
intérêts peuvent être accordés à ce créancier en dehors
des intérêts moratoires. Ce principe, qui résulte de nombreux arrêts (2), est très nettement posé dans celui de la

____

(1) *Contrats*, t. I, p. 602, n⁰ 614.
(2) Req., 12 décembre 1855, D. P. 56, 1, 162 ; 1ᵉʳ février 1864, D. P.
64, 1, 135 ; 7 mai 1872, D. P. 73, 1, 40.

Chambre des requêtes du 7 mai 1872 qui porte : « sur le premier moyen tiré de la violation de l'article 1153 : attendu que cet article dispose que les dommages-intérêts résultant du retard dans l'exécution de l'obligation de payer une somme d'argent ne peuvent jamais consister que dans la condamnation aux intérêts fixés par la loi ; qu'il résulte des termes de cet article que le juge peut allouer des dommages-intérêts pour réparer le préjudice provenant d'une cause autre que le retard dans le paiement de la somme due. »

« Les juges ont dans ce cas », dit encore ici Demolombe (1), « toute latitude pour déterminer dans leur appréciation discrétionnaire, la quotité des dommages-intérêts auxquels le débiteur doit être condamné envers le créancier ; et il en résulte qu'ils peuvent ajouter à la somme à laquelle ils les estiment les intérêts de cette somme à partir d'une époque antérieure à la demande. »

Quelle en est la raison ? « C'est que ces intérêts », continue le même auteur, « étant alloués au créancier, de même que la somme principale, comme une indemnité compensatoire du dommage qu'il a éprouvé, et comme un complément et une partie intégrante de cette indemnité, ne rentrent pas dans l'application du 3e alinéa de l'article 1153. »

« Attendu », dit encore la Cour de cassation, « que la condamnation étant fondée au principal sur la réparation du préjudice, la condamnation aux intérêts n'a été prononcée par l'arrêt que comme partie et complément du capital de l'indemnité, et à partir de l'époque qu'il était libre aux juges de déterminer, la fixation du prin-

(1) *Op. cit.*, p. 618.

cipal et des intérêts étant abandonnée aux lumières ou
à la conscience du juge » (Jurisprudence constante).

Il résulte des mêmes principes que les sommes
allouées par le juge à titre de dommages-intérêts, peuvent être déclarées par le juge productives d'intérêts,
alors même que ces intérêts n'auraient pas été demandés par cette partie.

« Attendu », a dit encore la Chambre des requêtes (1),
« que les intérêts alloués par l'arrêt attaqué ont été accordés à titre de dommages-intérêts et que la disposition
de l'article 1153 du Code civil, visé au pourvoi, ne leur
était pas applicable. » Pour les mêmes raisons les dispositions de cet article ne sont pas applicables aux obligations de sommes dues à l'occasion d'un délit ou d'un
quasi-délit : dans ce cas le juge peut allouer les intérêts
à partir du préjudice éprouvé.

« Attendu », lisons-nous dans un arrêt de la Chambre
civile (2),« qu'il s'agissait d'une obligation résultant d'un
quasi-délit et d'intérêts compensatoires auxquels l'article 1153 ne s'applique pas : que l'arrêt a donc pu, sans
violer ledit article, faire remonter ces intérêts à une
époque antérieure à la demande. »

A la théorie des intérêts succède tout naturellement
celle des dépens dont une allocation équitable ne laisse
point que de réserver parfois à l'office du juge d'assez
sérieuses difficultés et de soulever de délicates questions. Le principe posé dans l'article 130 du Code de
procédure civile est pourtant bien simple et d'une netteté qui paraît ne rien laisser à désirer : toute partie qui
succombera sera condamnée aux dépens. Et d'abord

(1) 15 mars 1872, D. P. 72, 1, 215.
(2) 23 août 1864, D. P. 64, 1, 307.

quel est exactement le sens juridique de ce mot? Les
dépens constituent-ils une sorte de dédommagement
accordé au plaideur qui triomphe? Nos anciens jurisconsultes et Domat notamment semblaient les considérer ainsi : « il y a encore », disait-il (1), « une autre sorte de
dommages-intérêts qui est les dépens que doit celui qui
perd son procès et qui consiste au remboursement des
frais qu'a faits pour plaider celui qui a gagné. » Mais il
y a certainement une sorte de contradiction entre les
deux idées de réparation et de remboursement, de dédommagement et de dette. Or c'est la seconde idée qui
est la vraie : les dépens ne sont point en effet la peine du
plaideur qui succombe; ils ne constituent que le remboursement, suivant l'expression très exacte employée
par Domat lui-même, que doit faire le perdant des frais
que le gagnant a été obligé d'avancer. C'est, dit Boitard,
une dette comme une autre et rien de plus. Ce principe
posé, quel est en matière de condamnation aux dépens
le devoir du juge? Peut-il la prononcer d'office sans que
la partie adverse y ait conclu? La jurisprudence est à
cet égard en désaccord avec la doctrine, ainsi que l'on
peut s'en convaincre par une note du recueil périodique
de Dalloz sous un arrêt de la Chambre des requêtes du
2 août 1871 (2). La teneur de cet arrêt ne laisse aucun
doute sur le point qui nous occupe, à savoir si la condamnation de la partie qui succombe peut être prononcée d'office, en l'absence de toutes conclusions de la partie adverse : on trouve néanmoins dans cette décision
quelques expressions susceptibles de provoquer une
équivoque sur le caractère même de la condamnation

(1) *Lois civiles*, L. III, tit. 5, préamb.
(2) D. P. 71, 1, 228.

aux dépens. L'arrêt des requêtes approuve un arrêt de la
Cour de Rennes qui avait jugé en fait qu'un syndic (c'é-
tait, dans l'espèce, le demandeur au pourvoi) avait com-
promis par des actes abusifs et vexatoires les intérêts de
la masse de la faillite, et la Cour de cassation décide
que le juge du fond avait pu, sans violer aucune loi,
sur les seules réquisitions du ministère public, condamner personnellement le syndic aux dépens. Il n'est pas
douteux que si cette condamnation personnelle du syndic aux dépens avait été prononcée à titre de dommages-
intérêts proprement dits, elle n'aurait pu l'être que
contre le syndic ès-qualités. Serait-ce donc que les dépens peuvent quelquefois être considérés non plus
comme un remboursement mais comme une réparation,
une indemnité? Oui sans doute, et Domat (1) l'a très bien
expliqué. « Outre ce dédommagement que les ordonnances obligent les juges d'adjuger à tous ceux qui ga-
gnent leurs procès, il y avait dans le droit romain d'autres dommages-intérêts contre ceux dont les demandes
ou les défenses se trouvaient n'être qu'une injustice ou
une chicane; et on usait de cette précaution de faire
jurer dès l'entrée de cause et le demandeur et le défendeur et leurs avocats que ce n'était point pour chicaner
qu'ils plaidaient, mais qu'ils estimaient leur cause juste
et bien fondée. Ce serment n'est pas de notre usage et il
n'était aussi qu'une occasion sûre de parjures. Mais la
condamnation des dommages-intérêts contre ceux qui
intentent ou soutiennent de méchants procès avait été
trouvée si juste que François Iᵉʳ l'avait renouvelée, ayant
ordonné qu'en toutes matières civiles et criminelles on
adjugerait les dommages-intérêts procédant de la témé-

(1) *Loc. cit*.

rité de celui qui succomberait, s'ils étaient demandés et qu'ils seraient taxés et demandés par le même juge qui terminerait le procès. Quoique cette ordonnance soit aujourd'hui de très peu d'usage et qu'on ne voie que très rarement de pareilles condamnations, l'équité de cette règle n'est pas abolie et ne saurait l'être et les juges ont la liberté de l'observer dans les occasions où l'équité de ces lois peut y obliger. »

Cette judicieuse observation n'a rien perdu de son à-propos ni de sa portée et la condamnation aux dépens à titre de dommages-intérêts peut être prononcée par le juge, mais à une double condition : la première c'est que la partie les ait demandés, car autrement ce serait statuer *ultra petita* et il y aurait de ce chef ouverture à requête civile (C. pr. civ., 380, § 4) ; la seconde c'est que la condamnation soit basée non plus sur l'article 130 du Code de procédure civile, mais sur l'article 1382 du Code civil.

Deux observations générales dominent cette matière en ce qui concerne l'office des juges. La première c'est qu'ils sont investis d'un pouvoir discrétionnaire en matière de condamnation aux dépens (jurisprudence constante) ; la seconde, c'est que la partie gagnante ne pourra se faire restituer ce que l'on appelle les faux frais tels que ceux résultant de consultations, honoraires d'avocat, perte de temps, frais de déplacement, à moins qu'elle n'ait conclu à une allocation de dommages-intérêts de ce chef, et que d'autre part, si une condamnation intervient, elle ne soit pas uniquement basée sur la résistance de la partie qui succombe, mais sur une faute reprochée à celle-ci et dont les éléments soient suffisamment caractérisés.

Il nous suffira d'avoir indiqué sur cette question des dépens comme sur bien d'autres les principales règles de l'office du juge. Ici comme ailleurs nous devons nous en tenir aux idées les plus générales et renoncer à la prétention de donner une théorie dont l'exposé complet suffirait amplement à fournir la matière d'une monographie. Cette observation s'applique d'ailleurs à la plupart des sujets que nous avons effleurés dans celle-ci et qui auraient pu se prêter à de longs développements. Il semblerait que ceux-ci dussent nous mener au terme de cette étude puisque le jugement est précisément l'acte décisif par lequel le juge épuise sa juridiction et se dessaisit : *postquam semel sententiam dixit desinit esse judex*. Ce principe qui est de la plus haute importance ne souffre aucune contestation. Il est en effet admis unanimement que les jugements sont acquis aux parties d'une manière définitive et irrévocable du jour où ils ont été prononcés et que c'est aussi à partir de ce moment-là qu'ils produisent les effets qui y sont attachés par la loi, notamment le dessaisissement du juge qui les a rendus. L'article 458 du Code de procédure civile contient une application remarquable de cette conséquence au cas où le juge de première instance n'a pas ordonné l'exécution provisoire dans une espèce où il était autorisé à le faire. C'est alors au juge d'appel qu'il faut s'adresser pour obtenir cette exécution (1). Toutefois il n'est pas toujours vrai de dire que l'office du juge prend fin lorsqu'il a rendu sa sentence : il peut se faire qu'il lui reste en-

---

(1) Voyez notamment sur le dessaisissement résultant du prononcé de la sentence un jugement fort bien motivé rendu par le tribunal de Rethel le 8 février 1893 (D. P.94, 1, 91 les notes 1 et 2 et les autorités qui y sont citées).

core un mot à dire et que le dispositif de son jugement ne soit pas le dernier terme du procès. En réalité le juge peut être appelé à fixer le sens de sa propre décision et son rôle en pareil cas est quelquefois assez difficile pour que nous ayons plus que le droit, c'est-à-dire le devoir de nous en expliquer sommairement dans la section suivante.

SECTION II. — De l'interprétation des jugements.

Il résulte des principes que nous avons posés dans la première partie de ce travail que le juge est essentiellement un interprète. Qu'il s'agisse d'une loi, d'une convention, d'un testament, c'est toujours une volonté qu'il traduit, celle du législateur, des contractants, du *de cujus*. Son premier devoir est de ne point la méconnaître puisqu'il a pour mission de la faire exécuter. Mais ne peut-il pas arriver qu'en s'efforçant de découvrir et d'exprimer clairement la volonté d'autrui le juge soit exposé à ne pas manifester très nettement la sienne et que sa décision trahisse quelque obscurité ? L'hypothèse n'est pas invraisemblable et l'expérience démontre au contraire que certains jugements réclament impérieusement une interprétation. A qui appartiendrat-il de la donner ? Est-ce au juge lui-même qui a rendu la sentence ? En d'autres termes, les juges ont-ils le droit de fixer le sens de leurs propres décisions et peuvent-ils user de ce droit sans faire échec à la règle précédemment rappelée : *postquam semel sententiam dixit...* etc. Une cour d'appel s'était prononcée jadis pour la négative. On lit en effet dans un arrêt de la Cour de

Nîmes du 24 août 1829 (1) « qu'il n'appartient dans aucun cas à la Cour d'interpréter ses arrêts quand bien même leurs termes ne seraient pas aussi clairs et aussi précis que ceux que l'on remarque dans l'espèce ». C'est une opinion, mais une opinion qu'il faut mentionner uniquement pour faire observer qu'elle est restée complètement isolée dans la jurisprudence, de même qu'elle a été dès longtemps repoussée par la doctrine, qui admet aussi le recours en interprétation.

« Ce recours, dit Carré (2), offre deux avantages certains : l'un que les parties se méprenant sur le véritable sens d'un jugement ne se fourvoient pas dans l'exécution ; l'autre, de prévenir les appels qui ne prendraient leur source que dans l'obscurité de la décision. »

Un très ancien arrêt de la Chambre des requêtes, rendu le 4 mars 1808 sous la présidence d'Henrion de Pansey, indique avec beaucoup de précision, quelle est la nature du pouvoir d'interprétation et en quoi il se distingue de la rétractation et de la proposition d'erreur. « Attendu, lisons-nous dans cet arrêt, qu'avant l'Ordonnance de 1667 il existait trois manières de se pourvoir contre les arrêts, indépendamment de la requête civile : la *correction* lorsqu'il y avait une erreur dans les qualités ; l'*interprétation* lorsqu'il y avait obscurité dans le dispositif de l'arrêt, et la *proposition d'erreur*, lorsque l'une des parties prétendait que la condamnation avait été la suite d'une erreur de fait ; que de ces trois manières la proposition d'erreur est seule abolie par l'Ordonnance de 1667, d'où il suit que les deux premières ont été maintenues par cette loi ; que la voie

(1) Dalloz, *Rép.*, V° *Jugement*, n° 332, note 3.
(2) T. I, p. 85 et suiv.

d'interprétation est encore implicitement maintenue
par la déclaration du mois de septembre 1671 qui défend
seulement aux juges de rétracter leurs arrêts sous prétexte de les interpréter, puisque défendre d'abuser d'une
institution c'est bien plutôt la confirmer que la détruire.
Attendu que, dans l'espèce, l'interprétation de l'arrêt
du 16 prairial an IX et du jugement du 4 germinal
an VIII était d'autant plus nécessaire que les parties et
leurs experts prétendaient l'exécuter de chaque part
dans deux sens opposés (1). »

Les Cours d'appel se conformèrent à cette jurisprudence et nous trouvons notamment dans un arrêt de la
Cour d'Amiens du 24 août 1825 (2), un écho de l'arrêt
des requêtes que nous venons de reproduire et en même
temps des principes nettement posés :

« Considérant, disait la Cour d'Amiens, que bien
qu'aucunes voies ne soient ouvertes pour attaquer un
arrêt qui a le caractère de chose jugée que celles de
cassation de requête civile et de tierce opposition, il ne
s'ensuit pas que le recours en interprétation soit interdit dès lors qu'il ne tend qu'à obtenir l'explication et la
rectification d'une rédaction qui présenterait un sens
obscur et ambigu, et *non à faire apporter aucun changement, aucune modification à la chose jugée* ; que c'est
ainsi seulement que semblable demande était admise
sous l'empire de l'Ordonnance de 1667 qui ne contenait.
non plus que le Code actuel de procédure, aucune disposition explicite à cet égard ; que les mêmes motifs
existent encore pour ne pas lui donner plus d'extension ;
que s'il n'en a pas été question dans le Code de procé-

(1) Dalloz, *Rép.*, Vº *Jugement*, nº 333, page 331, note 1.
(2) *Ibid.*, note 2.

dure civile, c'est qu'elle n'a été et ne pouvait être considérée que comme une des contestations qui peuvent
naître sur l'exécution d'un jugement ou d'un arrêt, dont
la connaissance, aux termes de l'article 554 du Code de
procédure civile, appartient au tribunal d'exécution. »

Cet arrêt, — et c'est pourquoi nous en avons reproduit les termes, — signale très exactement l'écueil que
doit surtout éviter le juge lorsqu'il interprète la décision par lui rendue, à savoir : de ne porter aucune atteinte à l'autorité de la chose jugée.

Mais avant d'insister sur ce point, nous devons tout
d'abord nous demander à quelles conditions préalables
est soumis le recours en interprétation. La Cour d'A-
miens l'a très bien dit dans l'arrêt que nous venons de
reproduire : les tribunaux peuvent interpréter leurs jugements pourvu que les termes en soient obscurs ou
ambigus. C'est là, suivant M. Dalloz (1), la condition
absolue de l'extraordinaire mission qu'on leur reconnaît. Le pouvoir du juge ne peut s'exercer de nouveau
qu'autant qu'il y a ambiguïté ou erreur matérielle
échappée à l'inadvertance et se rectifiant en quelque sorte
d'elle-même.

De ce principe la jurisprudence a depuis longtemps
tiré cette conséquence que le jugement qui, interprétant
une décision passée en force de chose jugée, lui attribue
un sens qu'elle n'a pas nécessairement et qu'elle ne
pourrait avoir sans violer la loi, encourt par là la cassation (2).

Le droit d'interprétation est général et absolu ; nous

_____

(1) *Rép.* V° *Chose jugée*, n° 343.
(2) Civ. Cass., 5 juillet 1831, *ibid.*, note 1, 2ᵉ espèce.

entendons par là qu'il existe à l'égard de toutes les décisions, quelles que soient les juridictions dont elles
émanent. Mais il n'appartient pas indistinctement à toutes ces juridictions. C'est ainsi que des arbitres n'auraient pas le droit d'interpréter leur propre sentence et
que c'est aux tribunaux ordinaires que les parties doivent s'adresser pour obtenir une interprétation qui leur
paraîtrait nécessaire.

Après ces quelques considérations préliminaires,
abordons la question dont l'examen se rattache directement à l'objet de ce travail et recherchons quelles sont
les règles à suivre par le juge interprétateur de sa propre décision.

Il doit d'abord, comme en matière de conventions, car
judiciis quasi contrahimus, s'attacher à donner l'explication la plus naturelle et non point celle qui demande
le plus d'efforts, en s'attachant à rapprocher et à combi-
ner les motifs et le dispositif de la décision qui lui est
soumise, de façon à préciser exactement la chose jugée
pour ne point s'exposer à la méconnaître. Pour mener à
bien cette opération, il ne lui sera point inutile de se
référer aux conclusions puisqu'elles ont délimité le débat en faisant connaître les prétentions respectives des
plaideurs et que c'est d'après ces conclusions qu'il a
statué en vertu du vieux dicton : *libello conformis debet
esse sentenlia.*

La Chambre civile de la Cour de cassation a fait une
application récente de cette règle lorsqu'elle a décidé
qu'il appartient à tout juge devant lequel est présenté
un moyen pris de la chose jugée d'apprécier, en s'aidant
au besoin des conclusions sur lesquelles elle a été ren-

due, le sens et la portée de la décision invoquée comme fondement de ce moyen (1).

En second lieu le juge ne doit, sous aucun prétexte et dans aucun cas, rétracter ce qu'il a déclaré ni reprendre ce qu'il a accordé, mais dans le doute il doit toujours préférer et adopter le sens le moins onéreux pour la partie qui succombe en vertu du principe posé dans la loi 38, § 1, D., *de re judicata* : « *si diversis summis condemnent judices, minimam spectandam esse Julianus scribit* ».

Enfin et c'est là, comme on l'a déjà dit, le point capital, la règle fondamentale de la matière, le juge doit surtout éviter de porter atteinte à la chose jugée : « Attendu, en droit », dit un ancien arrêt de la Chambre civile (2), « que si, dans certains cas, les juges ont le pouvoir d'expliquer les dispositions de leurs arrêts qui présentent quelque ambiguïté, ils ne peuvent jamais, sous prétexte de les interpréter, en ordonner la rétractation et que les parties n'ont d'autres voies de recours pour les faire réformer que celles qui leur sont ouvertes par la loi. »

« Attendu », dit encore un autre arrêt plus récent (3), «que les pouvoirs du juge sont épuisés quand il a prononcé sa décision, et que, désormais, il ne lui appartient plus d'y rien ajouter comme d'en rien retrancher ; que l'interprétation destinée uniquement à éclaircir une rédaction obscure ou ambiguë, ne peut, en aucun cas, servir de prétexte à la violation de ce principe. »

---

(1) Civ. Rej., 25 juillet 1894, D. P. 95, 1, 141. *Adde,* Req., 7 juin 1893, D. P. 94, 1, 124.
(2) Civ. cass., 4 décembre 1822, D. *Rép.,* Vᵒ *Jugement,* nᵒ 334, note 2.
(3) 28 avril 1852, D. P. 52, 1, 149.

Il faut donc tenir pour également certain que le juge a le droit d'interpréter la décision obscure ou ambiguë qu'il a rendue mais qu'il ne peut en rien modifier cette décision.

Il est à peine besoin d'ajouter que c'est aux juges souls qui ont rendu la sentence qu'appartient le droit de l'interpréter, de même que l'interprétation d'un acte n'appartient qu'à l'autorité dont il émane. C'est un principe que pose très nettement un décret rendu au Conseil d'État le 17 janvier 1814 et qui porte : « Considérant que si c'est un principe constant que les tribunaux ne peuvent interpréter les actes administratifs ni en suspendre l'exécution, c'est un principe également consacré par une jurisprudence constante que l'autorité administrative n'a pas plus de droit à l'égard des jugements ou arrêts rendus par les Cours et tribunaux. »

La Cour de cassation a maintes fois posé la règle que nous rappelions tout à l'heure, à savoir que lorsqu'un jugement présente quelque obscurité les juges dont il émane ont seuls le droit d'en expliquer le sens : « Attendu, a dit tout récemment encore la Chambre des requêtes (1), que si le sens de la décision paraissait obscur, c'était à la Cour qui l'avait rendue qu'il fallait en demander l'interprétation. »

Il ne faut pas confondre, dit une note de M. Dalloz (2) à propos d'un arrêt de la Cour de Paris du 4 juin 1892, l'exécution des jugements avec leur interprétation. Lorsqu'il s'agit d'exécution, l'article 472 du Code de procédure civile distingue suivant que le jugement du tribunal de première instance a été confirmé ou infirmé par

(1) Req., 18 mars 1895, D. P. 95, 1, 152.
(2) D. P. 93, 2, 204.

la Cour d'appel et c'est seulement dans ce dernier cas
qu'il attribue compétence à cette Cour pour statuer sur
les difficultés d'exécution. Mais il n'y a aucun texte
semblable en ce qui concerne l'interprétation : aussi
est-ce une règle admise unanimement aujourd'hui en
doctrine et en jurisprudence que l'interprétation d'un
jugement appartient toujours et dans tous les cas à la
juridiction même qui a rendu ce jugement. C'est l'application de la vieille maxime *ejus est interpretari cujus est
condere*. La Chambre civile, dans un arrêt du 15 novembre 1887 (1), en a tiré cette conséquence, que dans le cas
où le jugement a été confirmé par adoption de motifs,
c'est cette Cour et non le tribunal de première instance
qui est compétente pour interpréter ce jugement. Cet
arrêt est très intéressant dans son ensemble parce qu'il
pose avec une grande netteté les principes qui régissent
la matière de l'interprétation et particulièrement la règle
fondamentale qui la domine.

Mais le juge n'est pas seulement obligé de ne point
préjudicier à l'autorité de la chose jugée ; il est des cas
où la loi lui fait un devoir de ne point préjuger ce qui de-
viendra plus tard cette chose elle-même, et d'éviter avec
soin d'y porter une atteinte préalable. On comprend que
nous faisons allusion au cas où le juge statue en état
de référé.

Cette matière est trop importante et d'un intérêt pratique trop considérable pour que nous ne lui consacrions
pas quelques pages qui feront l'objet d'un dernier chapitre où nous essaierons de fixer en terminant les règles

(1) Civ. cass., 15 novembre 1887 et les autorités citées en note, D. P.
89, 1, 152.

générales d'après lesquelles le juge devra se comporter
en pareil cas.

Précisons encore ici que de même qu'il a été uniquement question dans tout ce qui précède du juge d'arrondissement, il ne sera question dans ce qui va suivre
que du juge des référés et nullement du juge des requêtes. Encore que l'étendue de ses pouvoirs donne lieu
à des questions fort intéressantes (1) leur examen est
exclu par notre titre même, puisqu'elles se rattachent
directement à la juridiction gracieuse dont nous ne songeons nullement à nous occuper.

(1) Voir à cet égard *De la notion de juridiction gracieuse en droit
français*, par Alexandre Lepas, avocat à la Cour d'appel, 1 vol. in-8,
Paris, Arthur Rousseau, 1896.

CHAPITRE IV

DE L'OFFICE DU JUGE EN MATIÈRE DE RÉFÉRÉ.

Il n'entre nullement dans notre pensée d'entreprendre ici un commentaire des articles 806 à 811 du Code de procédure civile ni moins encore d'écrire un traité même très sommaire sur la matière des ordonnances de référé. Il s'agit uniquement de marquer en quelques traits l'office du juge, lorsqu'il statue en conformité de ces articles, et de signaler, suivant la méthode que nous avons suivie jusqu'ici, les principaux écueils qu'il doit éviter. La jurisprudence, celle des cours d'appel surtout, est, comme on le sait, très riche en cette matière et nous lui demanderons plus encore que partout ailleurs, d'utiles indications.

« D'après les anciens principes, dit M. Dalloz (1), comme d'après le Code qui nous régit, les pouvoirs du juge en référé semblent devoir être fort restreints et se borner à des mesures essentiellement provisoires et qui ne doivent porter aucune atteinte au principal (C. pr. civ., art. 809). Mais nous verrons qu'insensiblement la jurisprudence a ajouté extrêmement à la compétence des juges de référé, en donnant aux diverses dispositions du Code et particulièrement à l'article 806 une étendue qui certainement n'a pas été dans la pensée du législateur. »

(1) *Rép.*, Vº *Référé*, p. 93.

Le principe qui domine cette matière c'est qu'en aucun cas le juge du référé ne peut statuer sur le fond même du droit (1). C'est ce qui résulte de l'article 809 aux termes duquel les ordonnances sur référés ne feront aucun préjudice au principal. La clarté et la précision de ce texte ont permis de résoudre une difficulté qui n'est plus aujourd'hui qu'un souvenir et qui tenait à la rédaction de l'article 806.

Dans tous les cas d'urgence, porte cet article, ou lorsqu'il s'agira de statuer provisoirement sur les difficultés relatives à l'exécution d'un titre exécutoire ou d'un jugement, il sera procédé ainsi qu'il va être réglé ci-après.

Un magistrat éminent dont il est impossible de ne pas rencontrer le nom, aussitôt que l'on pénètre dans la région des référés, M. le président Debelleyme (2), avait argumenté de ce texte pour prétendre que le législateur avait établi intentionnellement une distinction entre les cas d'urgence et ceux où il s'agit de statuer sur l'exécution d'un titre exécutoire ou d'un jugement, et pour soutenir qu'au premier cas l'ordonnance de référé pourrait revêtir le caractère d'une décision définitive. Mais cette opinion justement combattue par la doctrine la plus autorisée (3) n'a point prévalu dans la jurisprudence qui, tout en reconnaissant que la rédaction de l'article 806 était vicieuse, n'a pas hésité à faire prévaloir comme un principe absolu la règle posée par l'article 809.

(1) Le juge ne peut joindre le provisoire au fond pour être statué sur le tout par un même jugement sans commettre un déni de justice. Bioche, t. I, p. 178.
(2) T. I, p. 376.
(3) Voyez notamment Boitard, t. II, p. 523.

Cette règle constitue comme une sorte de trait d'union entre la matière dont nous nous occupons et celle dont nous venons de traiter. Nous avons vu en effet, dans le chapitre précédent, que le juge appelé à interpréter sa propre décision ne pouvait jamais rien y ajouter ni en rien retrancher ; de même ici, le juge des référés appelé à régler une difficulté qui s'élève sur l'exécution d'un titre exécutoire ou d'un jugement doit se garder de modifier ce titre dans ses effets et de substituer son appréciation personnelle à celle des magistrats ou à ce qui résulte de l'intention des parties. Nous n'avons pas besoin d'ajouter qu'ici encore le juge est lié par sa propre ordonnance comme le juge du principal par son jugement et que l'ordonnance prononcée est définitivement acquise aux parties. La loi interdit également à tous les juges les retours de volonté lorsqu'ils l'ont exprimée dans une décision régulière.

Au surplus, la plupart des règles qui s'imposent au juge dans l'œuvre de la juridiction ordinaire retrouvent leur application quand il statue comme juge des référés, et elles ne sont modifiées que par la nature de ses attributions telles qu'elles sont déterminées par le caractère spécial de cette juridiction. C'est ainsi que le juge des référés reste soumis à toutes les prescriptions générales qui ont fait l'objet de la première partie de ce travail et qui concernent l'obligation de vérifier la compétence, le déni de justice, l'excès de pouvoir, etc.

Et pour ne parler d'abord que de la compétence, on s'est demandé au président de quel tribunal doit être soumis le référé. Faut-il suivre la règle de compétence posée dans l'article 59 du Code de procédure civile et

saisir par suite le président (1) du domicile du défendeur, ou bien s'adresser de préférence au président du
tribunal du lieu où est née la difficulté? La majorité
des auteurs se prononce aujourd'hui pour la compétence
de ce dernier magistrat et la jurisprudence paraît fixée
en ce sens. Nous ne citerons à cet égard qu'un seul arrêt
rendu le 12 février 1889 (2) par la Chambre des requêtes
dans l'affaire de la *Mutuelle de Valence*. Cette décision,
fait observer M. Dalloz (3), est d'autant plus intéressante qu'elle est intervenue dans une espèce où le contrat litigieux contenait une attribution de juridiction
pour le débat au fond et l'arrêt a dit néanmoins :

« Attendu, d'autre part, qu'en constatant qu'il s'agissait d'une mesure urgente, d'un caractère purement
provisoire et ne préjugeant pas le principal, l'arrêt attaqué a par là même justifié la compétence en référé du
tribunal civil du Mans où l'incendie s'était produit et où
l'expertise devait nécessairement avoir lieu ; qu'en effet,
en établissant une procédure spéciale fondée sur l'urgence, le législateur, ainsi que l'indique l'article 554
du Code de procédure civile, a nécessairement entendu
que, hors le cas d'incompétence *ratione materiæ*, le
juge compétent serait celui du lieu où les constatations
doivent être faites ; qu'autrement les parties seraient
exposées à des retards préjudiciables et que l'intérêt de

___

(1) Le président est le juge de droit des référés, à son défaut le vice-
président et à défaut de ce dernier l'un des juges par rang d'ancienneté,
mais à la condition que le défaut d'empêchement du vice-président soit
dûment constaté à peine de nullité. Nancy, 26 février 1876, D. P. 76,
1,313.
(2) D. P. 92, 1, 382.
(3) *Rép. supp.*, V° *Référé*, n° 4.

célérité qui sert de fondement à cette procédure ne re-
cevrait pas satisfaction. »

Abordons la véritable incompétence c'est-à-dire l'incompétence *ratione materiæ*.

La voie du référé est autorisée par la loi *utilitatis
causa*: 1° dans tous les cas d'urgence; 2° lorsqu'il s'agit
de statuer sur les difficultés relatives à l'exécution d'un
titre exécutoire ou d'un jugement (Art. 806). Il y a peu
de dispositions plus claires et plus simples ; il n'en est
pas qui soulève de plus nombreuses difficultés dans l'application.

« *Dans tous les cas d'urgence....* » Cette formule est-
elle aussi absolue que semble le comporter la généralité
de ses termes ? Notamment le juge des référés est-il compétent lorsque l'urgence est alléguée pour ordonner des
mesures provisoires relatives à des contestations ren-
trant dans la compétence d'une juridiction autre que
celle des tribunaux ?

La question depuis longtemps discutée en doctrine
s'est présentée en 1872 devant la Cour de cassation. La
Chambre civile l'a résolue négativement par un arrêt de
cassation du 18 décembre (1) qui a fixé la jurisprudence
dans une affaire où il s'agissait d'un dommage causé
aux champs et récoltes par les animaux et par conséquent d'une matière qui, d'après l'article 5, § 1, de la loi
du 25 mai 1838 rentre dans les attributions des juges de
paix. La partie doctrinale de cet arrêt est ainsi conçue :

« Vu les articles 806 et 807 : attendu que ces articles
placés sous la rubrique des référés au titre XVI, livre V
du Code de procédure civile, ne sauraient s'appliquer

(1) D. P. 73, 1, 129 et la note.

aux matières dont les juges de paix doivent connaître suivant la loi de leur institution ; que pour ces matières en effet il a été particulièrement pourvu aux cas d'urgence par l'article 6 du même Code au titre Iᵉʳ du livre I concernant les justices de paix ; que c'est cet article seul qui régit la procédure à suivre en pareil cas et qu'il se borne à permettre alors une abréviation de délais ; que le législateur n'a pas voulu ouvrir la voie du référé pour des contestations qui ressortissant aux justices de paix peuvent être vidées immédiatement et presque sans frais par le juge du fond. »

Cet arrêt ne fait qu'appliquer à la juridiction des juges de paix un principe général d'après lequel le juge de l'action principale est seul compétent pour connaître des mesures provisoires qui s'y rattachent. Or, il n'est pas douteux que le pouvoir donné au président du tribunal civil de prescrire des mesures d'urgence pour des contestations qu'il ne saurait juger au fond serait en opposition avec ce principe. Il faudrait un texte précis pour admettre que le législateur a voulu y déroger en matière de référés ; or ce texte n'existe pas.

La même question que nous venons d'examiner en ce qui concerne les matières dont la connaissance appartient aux juges de paix a été longtemps discutée par la doctrine et diversement jugée par les tribunaux en ce qui touche les matières administratives. Mais un arrêt de la Chambre civile du 13 juillet 1871 (1), rendu au rapport de M. Larombière dans l'affaire de la Fabrique de St-Ferdinand de Teres contre le curé de cette paroisse, a mis fin à toute controverse en posant et en affirmant

_____

(1) D. P. 71, 1, 183.

plus nettement encore le principe que nous rappelions tout à l'heure.

« Attendu », porte cet arrêt, « que la compétence du juge des référés repose sur le même principe que celle des tribunaux ordinaires ; que dans les cas où, à raison de la matière, la connaissance de la cause appartient comme dans l'espèce à l'autorité administrative, leur incompétence est aussi absolue sur le provisoire que sur le principal et au fond ; qu'en le décidant ainsi, l'arrêt attaqué a fait une exacte application des lois sur la matière. »

Il n'en est pas autrement pour les matières commerciales. Depuis longtemps déjà la doctrine tenait pour l'incompétence du tribunal civil et M. Debelleyme paraissait approuver cette opinion lorsque la Cour de cassation a été appelée à se prononcer sur la question. Par un arrêt du 1er décembre 1880 (1), la Chambre civile, après délibération en la chambre du conseil, a cassé un arrêt de la Cour d'appel de Grenoble qui avait décidé que la juridiction du référé était commune aux matières civiles et commerciales, ainsi que l'indiquent et l'usage général qui en est fait, et la place que sa réglementation occupe dans le Code de procédure civile et son objet qui comprend l'exécution provisoire et d'urgence tant des actes en général que des jugements, exécution qui même en matière commerciale n'est pas laissée aux tribunaux de commerce. La Chambre civile répudia et censura cette doctrine dans les termes suivants :

« Vu les articles 806 et 807 du Code de procédure civile : Attendu que le juge compétent pour statuer au fond est par là même seul compétent pour statuer sur

_____

(1) D. P. 81, 1, 5 et la note.

le provisoire ; — Attendu que les articles 806 et suivants du Code de procédure civile qui ont institué les référés ne dérogent pas à cette règle et ne s'appliquent qu'aux matières qui sont de la compétence des tribunaux civils; — Attendu qu'en matière commerciale il a été pourvu aux cas d'urgence par les articles 417 et 418 du Code de procédure civile, aux termes desquels le président du tribunal de commerce peut permettre d'assigner devant le tribunal de jour à jour et même d'heure à heure, et de saisir les effets mobiliers, et par l'article 439 qui permet aux tribunaux de commerce d'ordonner l'exécution provisoire de leurs jugements ; — Attendu dès lors qu'en statuant en référé sur une demande dont le caractère commercial n'est pas contesté, l'arrêt attaqué a méconnu les règles de la compétence et violé les articles 806 et 807 précités. »

Cette décision a fait cesser les divergences qui s'étaient produites dans la jurisprudence des cours d'appel et a complété celle de la Cour de cassation qui restreint ainsi d'une façon absolue aux affaires déférées aux tribunaux civils la compétence et la procédure propres à la juridiction des référés.

A la matière de l'incompétence se rattache de la façon la plus directe et la plus étroite comme nous l'avons vu précédemment celle de l'excès de pouvoir. Or il est certain que le juge du référé ne peut prononcer que dans les deux cas limitativement déterminés par l'article 806. Le Code de procédure a spécialement prévu certains cas d'urgence (1), mais l'énumération qu'on en peut faire n'est pas complète et bien d'autres qu'il n'a point prévus

_____

(1) Voir notamment les articles 606, 607, 661, 734, 786, 829, 845, 852, 921, 922, 944, 948.

rentrent dans le pouvoir discrétionnaire du président du tribunal. On entend par urgence en cette matière la nécessité de pourvoir à une situation qui en se prolongeant entraîne des périls et permet de redouter un dommage prochain (1). La loi a abandonné à l'appréciation discrétionnaire et souveraine du juge des référés les cas innombrables d'urgence qui peuvent déterminer sa compétence, sans que sa décision tombe à cet égard sous le contrôle de la Cour de cassation.

C'est ce que la Chambre des requêtes a décidé dans l'importante affaire de la ville de Marseille contre les liquidateurs de la Société immobilière par un arrêt du 14 mars 1882 où nous lisons : « Sur le moyen de cassation tiré d'un excès de pouvoir, etc... Attendu qu'aux termes de l'article 806 du Code de procédure civile il y a lieu à référé dans tous les cas d'urgence ; que par cette disposition générale le législateur a abandonné à l'appréciation discrétionnaire du juge des référés les cas divers qui peuvent déterminer sa compétence ; Attendu que l'arrêt attaqué déclare, en fait, qu'il y avait urgence dans l'espèce, parce qu'on ne pouvait laisser sans péril aux mains de locataires plus ou moins solvables, pendant toute la durée d'une instance en saisie-arrêt, les loyers frappés d'opposition par la ville de Marseille ; que cette déclaration est souveraine et échappe au contrôle de la Cour de cassation. »

Dans cette affaire le pourvoi reprochait à la Cour d'appel d'Aix d'avoir commis un excès de pouvoir en ce que son arrêt aurait autorisé les liquidateurs à percevoir en leur qualité et au besoin en celle de séquestre,

---

(1) Pigeau, *Procédure civile*, t. II, p. 49 ; Boitard, t. II, p. 524 ; Dall., *Rép.*, V° *Référé*, nos 6, 95 et 96.

les loyers échus et à échoir saisis, jusqu'à ce que la ville se fût fait attribuer exclusivement par la justice le montant des dits loyers. Le pourvoi prétendait que la mesure cessait d'être conservatoire ou provisoire alors qu'elle consistait à autoriser le liquidateur d'une société dissoute à toucher, au mépris de l'opposition dont ils étaient frappés, des loyers saisis-arrêtés, encore bien que cette perception ne dût pas dépasser la durée de l'instance en validité. Le demandeur soutenait qu'au tribunal civil seul il appartenait d'ordonner la main-levée de la saisie-arrêt et que le juge du référé empiétait sur les attributions de cette juridiction en ordonnant une mesure qui équivalait à la mainlevée de la saisie, puisqu'elle autorisait le débiteur à percevoir les deniers arrêtés entre les mains de son locataire. Mais la Chambre des requêtes estima que l'arrêt attaqué n'ayant statué qu'à titre provisoire et sans faire préjudice au principal, la Cour d'Aix n'avait commis aucun excès de pouvoir et le pourvoi fut en conséquence rejeté.

Les pouvoirs du juge des référés sont en effet bornés, comme l'arrêt précité vient de le rappeler, à des mesures essentiellement provisoires qui ne peuvent préjuger le fond du procès : en d'autres termes, le juge des référés n'a, en aucun cas, le pouvoir de statuer sur le fond même du droit ; son rôle doit se borner à prescrire ou à prévenir une mesure, à hâter ou à suspendre une exécution, et si son ordonnance peut être, en cas d'urgence, une décision définitive, cette décision, comme on dit dans le langage de la pratique, ne peut jamais faire grief au principal.

La Cour de Poitiers a fait une application très inté-ressante de ces principes dans une affaire fort délicate

où le président du tribunal avait ordonné par voie de
référé que la supérieure d'un couvent de Carmélites serait tenue, dès la signification de l'ordonnance par lui
rendue, de faire sortir de son couvent, sans délai, une
religieuse de son ordre dont la famille poursuivait l'interdiction, et avait fait défense à cette supérieure de
recevoir cette religieuse dans son couvent pendant toute
la durée du procès. Le demandeur en référé avait également conclu à une allocation de dommages-intérêts, et
le juge du référé avait décidé que faute de se conformer
aux prescriptions et prohibitions de son ordonnance, la
supérieure du monastère paierait au dit demandeur une
somme de 500 francs à titre de dommages-intérêts pour
chaque jour de retard, lesquels devaient commencer à
courir à partir de la signification de l'ordonnance jusqu'à son exécution.

La Cour de Poitiers saisie d'un appel de cette ordonnance la réforma sur tous les points par un arrêt du
6 août 1879 (1) qui décida notamment : 1° qu'il n'y avait
point urgence ; 2° que, quant aux mesures qu'il pouvait
y avoir lieu de prendre à l'égard de la personne dont
l'interdiction allait, disait-on, être poursuivie, elles
étaient soumises à des règles spéciales et n'étaient, sous
aucun rapport, de la compétence du juge des référés ;
3° qu'il était inadmissible qu'il puisse être statué par
voie de référé sur une question intéressant la liberté des
personnes et des consciences ; qu'en définitive, c'était à
tort que le président du tribunal, en renvoyant les parties
à se pourvoir au principal, avait néanmoins retenu l'affaire en référé et statué sur la demande.

_____

(1) D. P. 79, 2, 263 et la note.

Une note placée sous cet arrêt dans le répertoire de
Dalloz rappelle que, d'après un autre principe consacré
par la jurisprudence, le juge statuant en référé ne peut
accorder de dommages-intérêts. Dans l'espèce, dit l'arrêtiste, la condamnation prononcée par le juge du référé
n'était, il est vrai, qu'une condamnation accessoire et
une sanction ajoutée à l'ordonnance. Mais sous cette
forme même, elle ne pouvait être maintenue. En renvoyant les parties à se pourvoir au principal et en rete-
nant néanmoins l'affaire en référé, le président se con-
tredisait lui-même ; il tranchait d'un côté une question
sur laquelle, de l'autre, il se déclarait incompétent et
attachait à sa décision une sanction que le tribunal seul,
après audition des parties, pouvait accorder. Cette condamnation accessoire constituait donc plus encore que
la mesure provisoire elle-même un préjugé du fond et
par conséquent un excès de pouvoir.

Mais si, aux termes de l'article 809 du Code de procédure civile, les ordonnances de référé ne doivent faire
aucun préjudice au principal, il n'en résulte point que
dans aucun cas le juge du référé n'ait qualité pour prescrire, à titre provisoire, une mesure susceptible de cau-
ser à l'une des parties un préjudice irréparable. C'est ce
qu'a jugé la Chambre des requêtes par un arrêt du 17 février 1874 (1), lequel décide que, spécialement en cas de
saisie-arrêt, le juge du référé peut, sans excéder ses
pouvoirs, autoriser le débiteur saisi à toucher provisoirement les quatre cinquièmes de ses appointements, en
se fondant sur le caractère alimentaire de ce salaire.
Après avoir posé le principe ci-dessus rappelé l'arrêt

(1) D. P. 74, 1, 111.

s'exprime en ces termes : « Attendu que, dans l'espèce, le président du tribunal de la Seine et la Cour d'appel de Paris n'ont pas statué sur le mérite au fond de la saisie-arrêt pratiquée par le demandeur, qu'ils se sont bornés à autoriser le défendeur éventuel à toucher provisoirement, nonobstant cette saisie, les quatre cinquièmes des appointements, en se fondant sur ce que cette portion des salaires lui était indispensable pour subvenir à ses besoins et à ceux de sa famille ; que le caractère éminemment urgent de cette mesure est incontestable et qu'elle n'excédait pas les pouvoirs du juge des référés. »

Examinons encore une autre espèce également intéressante qui a été soumise à la Cour de Nîmes dont l'arrêt a subi le contrôle de la Cour de cassation. Nous avons vu précédemment que la jurisprudence est aujourd'hui fixée en ce sens que la compétence du juge des référés doit être restreinte aux litiges dont la connaissance appartient quant au fond aux tribunaux ordinaires, et que les articles 806 et suivants du Code de procédure civile sont inapplicables dans toutes les matières réservées par la loi à une juridiction spéciale. De ce nombre sont les actions possessoires dont la connaissance appartient aux juges de paix. Le juge des référés pourrait-il néanmoins se déclarer compétent pour statuer sur une action de cette nature ? La raison de douter est que le débat sur la possession semble présenter un caractère provisoire, tandis que le litige sur le pétitoire constitue le débat au fond ; que, d'autre part, le juge du référé faisant partie de la juridiction à laquelle appartient ce débat est par là même compétent pour statuer sur le possessoire. La négative paraît néanmoins avoir prévalu

par ce motif que les actions possessoires constituent des
instances absolument distinctes du procès au pétitoire
et qu'elles sont attribuées à la juridiction spéciale des
juges de paix. C'est ce que semble avoir jugé, implicitement tout au moins, l'arrêt de la Chambre des requêtes dont nous parlions plus haut, arrêt conforme en ce
point à l'opinion de M. Debelleyme (1). Nous disons
implicitement, car cet arrêt ne s'est point prononcé en
matière d'action possessoire proprement dite, mais sur
une décision appréciant une demande tendant à faire
cesser l'obstacle à des travaux que le demandeur avait
entrepris sur son terrain et à l'appui de laquelle il excipait à la fois de l'urgence et de son droit de propriété. Il
y avait là une situation bien voisine de la complainte ;
mais il faut remarquer cependant que la possession du
demandeur en référé n'était dans l'espèce nullement en
question, et le juge n'avait point dès lors à se demander
si cette possession présentait les conditions exigées par
la loi pour autoriser l'exercice de la complainte. Quoi
qu'il en soit, voici en quels termes s'est prononcée la
Chambre des requêtes (2) en rejetant le pourvoi formé
contre l'arrêt de la Cour de Nîmes qui avait confirmé
l'ordonnance du juge du référé :

« Attendu qu'aux termes de l'article 806 précité, il y
a lieu à référé dans tous les cas d'urgence ou lorsqu'il
s'agit de statuer provisoirement sur les difficultés relatives à l'exécution d'un titre exécutoire ou d'un jugement ;
— Attendu que la demoiselle Achardy, en demandant au
président d'Uzès jugeant en référé de faire cesser certains actes de la commune de Sanilhac mettant obstacle

(1) T. 2, p. 15, § 6.
(2) 20 juillet 1882, D. P. 83, 1, 162 et la note.   L. — 14

aux travaux de construction qu'elle avait entrepris dans
une parcelle de terrain dite Tourrevieille, excipait tout
à la fois de l'urgence et de son droit de propriété sur
ladite parcelle, droit résultant de différents jugements
et notamment d'un acte authentique de transaction de
1680 ; — Attendu que cette demande ainsi formulée ne
pouvait être considérée comme une action possessoire,
exclusive de toute question de propriété à trancher et
qu'elle constituait une de ces difficultés pour lesquelles,
en cas d'urgence, l'article 806 accorde une compétence
spéciale au juge du référé. »

Ce même arrêt va nous fournir une transition pour
passer à l'étude du deuxième cas de compétence du juge
des référés, celui où il s'agit de statuer sur les difficultés relatives à l'exécution des actes exécutoires et des
jugements.

Il n'est pas douteux que le juge du référé ne soit compétent pour apprécier la portée des actes invoqués devant lui lorsque cette appréciation ne peut donner lieu
à aucune discussion sérieuse. Mais si le sens en est
douteux on s'est demandé s'il avait le pouvoir de les
interpréter. La doctrine et une jurisprudence presque
unanime se sont prononcées pour la négative.

Dans l'espèce de l'arrêt que nous étudions le pourvoi
reprochait à la décision des juges du fond d'avoir méconnu cette règle en se livrant à une interprétation de
titres qui excédait leurs pouvoirs. La Chambre des requêtes, dans un considérant très sommaire, a affirmé
que la Cour de Nîmes n'avait pas excédé son pouvoir
d'interprétation. On pourrait conclure de là, fait observer l'arrêtiste, que dans la pensée de la Chambre des
requêtes, le juge a, dans une certaine mesure au moins,

le pouvoir d'interpréter les actes invoqués devant lui. S'il en était ainsi, l'arrêt serait en contradiction manifeste avec la doctrine et la jurisprudence, mais il serait peut-être excessif d'attribuer une telle portée à un motif exprimé en termes aussi laconiques.

Le juge des référés n'est en effet compétent que pour statuer sur les difficultés que soulève l'exécution d'un titre exécutoire et nullement sur celles que pourrait offrir son interprétation. L'article 806, loin de donner au juge du référé le droit de modifier les dispositions ou de restreindre les effets d'un titre exécutoire, lui impose au contraire l'obligation d'en maintenir l'entière autorité et d'en assurer l'exécution. Tel est le sens de la maxime « provision est due au titre ».

La Chambre des requêtes en a fait une application assez récente dans un arrêt du 18 février 1882 (1) qui a nettement déterminé les pouvoirs du juge du référé dans une espèce où il s'agissait d'assurer l'exécution d'une clause pénale de résiliation insérée dans un bail authentique. La Société générale d'imprimerie et de librairie demanderesse au pourvoi prétendait établir, au point de vue des pouvoirs du juge du référé, une distinction entre les contestations relatives à l'existence de la clause de résiliation et les contestations fondées sur une renonciation à l'exercice de cette clause. Elle soutenait en fait qu'en acceptant sans réserves le paiement du terme de loyer qui avait donné lieu aux poursuites, le propriétaire avait abandonné son droit de résiliation, et en droit que cet abandon résultant d'un titre qui émanait du propriétaire lui-même, bénéficiaire de la clause, le juge du

(1) D. P. 83, 1, 264.

référé pouvait ordonner un sursis à l'exécution en déclarant qu'il y avait contestation sur le fond du droit. La Cour de cassation repousse cette prétention dans les termes suivants : « Attendu que le juge du référé est compétent pour statuer sur les difficultés que soulève l'exécution d'un titre exécutoire et qu'il ne peut, sur la seule allégation du débiteur que le créancier a renoncé à un droit inscrit à son profit dans le titre lui-même, renvoyer les parties à se pourvoir au principal, sous prétexte de contestation sur le fond. » Et après avoir rappelé le fait l'arrêt concluait en disant : « Attendu que cette prétention ne saurait être considérée comme une contestation sur le fond de nature à arrêter l'exécution d'un titre authentique incontesté auquel « provision » était due. »

Aux termes de l'article 806, avons-nous dit, le juge des référés est compétent pour statuer sur les difficul- tés relatives à l'exécution des jugements aussi bien que des actes exécutoires ; mais là, comme en matière d'interprétation, il ne peut, sans excéder ses pouvoirs, modifier les dispositions de ces jugements ou en rectifier le sens. Le juge des référés doit en effet se borner à ordonner l'exécution de la décision judiciaire dans les termes où elle a été rendue ; il ne peut se constituer réformateur ou correcteur des jugements ou arrêts ; son rôle se borne à en prescrire, s'il y a lieu, la mise à exécution (1).

Nous ne saurions songer à passer en revue les innombrables espèces dans lesquelles le juge du référé a affirmé sa compétence pour trancher provisoirement les dif-

_____

(1) Lyon, 12 mai 1883, D. P. 84, 2, 39 et la note.

ficultés relatives à l'exécution d'un jugement, mais nous devons rappeler que la jurisprudence est allée très loin dans cette voie, se montrant ainsi favorable à l'extension souvent constatée et quelquefois critiquée que prennent, à Paris surtout, les attributions du juge des référés.

L'observation en a été faite récemment encore au sujet d'un arrêt de la Chambre des requêtes (1) qui a rejeté un pourvoi formé contre un arrêt de la Cour de Paris dans les circonstances suivantes. Cet arrêt avait reconnu au juge des référés le droit de décider qu'il ne serait pas tenu compte d'une saisie-arrêt opérée dans le but d'entraver l'exécution d'un jugement. Cette solution, dit l'arrêtiste, paraît absolument contraire au texte de l'article 567 du Code de procédure civile, aux termes duquel les demandes en validité ou en mainlevée de saisie-arrêt doivent être portées devant le tribunal. Mais l'arrêtiste reconnaît lui-même que la décision de la Chambre des requêtes n'entend pas conférer d'une manière absolue au juge des référés le droit de donner mainlevée d'une opposition, ce qui aurait été en contradiction avec une jurisprudence bien établie de cours d'appel ; elle se borne à déclarer que l'opposition formée entre les mains du débiteur au préjudice d'un tiers sur des sommes attribuées à ce dernier par des décisions de justice définitives ne pouvait être un motif légal pour différer l'application de décisions exécutoires que la demanderesse n'avait pas attaquées.

Pour terminer sur cette question de l'excès de pouvoir en matière de référé nous rappelons un arrêt de

_____

(1) 7 janvier 1885, D. P. 85, 1, 192 et la note.

cassation du 6 février 1877 (1) qui pose les principes avec
une netteté remarquable dans une espèce d'un incontestable intérêt pratique. L'arrêt attaqué statuant en
état de référé disposait que dans le délai de huitaine et
sous une contrainte de 200 francs par jour de retard,
Mᵉ Royer serait tenu de remettre sur récépissé à Mᵉ Du-
long, avoué en appel des défendeurs, les pièces qu'il
avait entre les mains, pour les dites pièces lui être ren-
dues directement après l'arrêt du fond. Il s'agissait en
fait de grosses ou expéditions de divers actes que le demandeur en cassation se prétendait fondé à retenir
parce qu'elles lui avaient été remises par les défendeurs,
en sa qualité d'avoué de première instance, pour l'accomplissement de son mandat légal dans un précédent
procès dont les frais lui étaient encore dus. C'est en cet
état des faits que la Chambre civile statue en droit dans
les termes suivants :

« Vu l'article 809, § 1, du Code de procédure civile :

« Attendu que le juge des référés n'a qu'une juridiction restreinte aux simples mesures provisoires ; qu'il
ne peut, même en cas d'urgence, rien prescrire qui soit
de nature à porter atteinte au principal ; qu'il ne saurait
dès lors, sans excéder ses pouvoirs, statuer sur l'existence ni régler l'effet ou l'étendue d'un privilège contesté
ou d'un prétendu droit de rétention ; qu'ordonner à
l'avoué non payé de ses frais et qui excipe de son droit
de rétention, de se dessaisir des pièces qu'il tient de ses
anciens clients pour les remettre même temporairement
à leur nouveau mandataire, et ce sous une contrainte
pécuniaire, c'est en réalité statuer sur le fond du droit

(1) D. P. 77, 1, 79.

litigieux, en déterminer la portée et préjudicier ainsi au principal. D'où il suit qu'en statuant comme il l'a fait, l'arrêt attaqué a commis un excès de pouvoir et ouvertement violé l'article de loi ci-dessus visé. »

Enfin la Chambre civile par un arrêt de rejet du 20 mars 1886 (1) paraît avoir mis fin à une controverse qui s'était produite entre les cours d'appel sur la question de savoir si le juge qui statue en matière de référé peut condamner aux dépens faits tant en première instance qu'en appel la partie qui a contesté mal à propos la compétence du juge du référé.

« Attendu, dit cet arrêt, que Dubois ayant mal à propos, soit en première instance, soit dans ses conclusions déposées devant la Cour d'appel, contesté la compétence du juge du référé, l'arrêt attaqué a pu condamner ledit Dubois en tous dépens tant de première instance que d'appel. »

Il est à peine besoin de dire que le plus grave des excès de pouvoir que le juge des référés pourrait commettre serait sans contredit celui qui consisterait à rapporter par une nouvelle ordonnance la mesure prescrite par l'ordonnance précédente. En d'autres termes, le juge des référés est lié par ses ordonnances comme les juges des tribunaux ordinaires par leurs jugements et la décision une fois prononcée est acquise aux parties.

C'est une question fort controversée que celle de savoir si le juge des référés peut accorder un terme de grâce et d'une manière plus générale suspendre l'exécution d'un titre exécutoire. La négative a été décidée, et avec juste raison, croyons-nous, par un récent arrêt de

(1) D. P. 86, 1, 408.

la Cour d'appel de Besançon (1) en des termes qui ne laissent rien à reprendre : « Attendu qu'en accordant à Goux les délais qu'il sollicitait, le juge des référés a excédé ses pouvoirs ; que l'article 806 du Code de procédure civile, qui lui donne la faculté de statuer provisoirement sur les difficultés relatives à l'exécution d'un titre exécutoire, ne lui donne pas le droit de paralyser cette exécution en accordant des délais au débiteur poursuivi ; qu'il lui impose au contraire l'obligation d'écarter, au moins provisoirement, tous les obstacles qui s'opposent à l'exécution forcée du titre auquel provision est due ; qu'accorder un délai n'est pas statuer sur une difficulté, que d'autre part le délai peut avoir pour résultat de soustraire définitivement le gage du créancier à toute action utile de ce dernier, que cette mesure n'a donc rien de provisoire, qu'elle ne laisse rien à juger au principal sur la question de délai tranchée définitivement et excède par suite la compétence du juge du référé. »

Le même arrêt juge en outre une autre question fort intéressante mais sur laquelle nous n'insisterons pas parce qu'elle ne nous paraît pas rentrer dans le cadre de cette étude. Il décide que l'appel qui a pour objet d'apprécier si le juge des référés a dépassé sa compétence ou excédé ses pouvoirs est toujours recevable.

Mais puisque nous rencontrons le mot appel nous placerons ici une observation qui se rattache au contraire étroitement, au point que nous examinons, c'est-à-dire à la compétence du juge des référés en ce qui touche aux difficultés relatives à l'exécution des décisions de justice. On s'est demandé en effet, mais on ne se demande plus

_____

(1) Besançon, 19 février 1892, D. P. 94, 2, 169 et la note de M. le professeur Glasson.

aujourd'hui si le juge des référés est compétent pour statuer provisoirement en cas d'urgence sur les difficultés
relatives à l'exécution des arrêts de cours d'appel. Quelques arrêts avaient jugé tout d'abord que le référé devrait en pareil cas être porté devant la cour qui avait
rendu l'arrêt dont l'exécution était demandée. Mais cette
jurisprudence paraît aujourd'hui abandonnée. Elle l'est
certainement si l'on s'en tient aux termes d'un arrêt de
la Chambre des requêtes du 3 juillet 1889 (1) ainsi conçu : « Attendu qu'aux termes des articles 805 et 806 du
Code de procédure civile, le juge des référés est compétent pour statuer provisoirement, en cas d'urgence, sur
les difficultés relatives à l'exécution des jugements, à la
condition de ne pas porter atteinte au principal ; attendu qu'en se servant du mot générique jugement, le législateur a entendu parler de toute décision judiciaire,
qu'elle émane d'une cour d'appel ou d'un tribunal : qu'il
a ainsi créé une juridiction spéciale qui, dans les cas
prévus par l'article 806 du Code de procédure civile, est
substituée à la juridiction attribuée aux cours d'appel
par l'article 472. »

Le rapport qui a précédé cet arrêt et qui se trouve reproduit dans le volume du répertoire qui le renferme,
avait appelé l'attention de la Cour avant de discuter la
valeur du moyen, sur une question préalable, celle de sa
recevabilité.

Une controverse, disait ce document, s'est en effet éle-
vée dans la doctrine sur le point de savoir si le recours
en cassation était recevable contre les ordonnances ou
contre les jugements ou arrêts statuant en matière de

_____

(1) D. P. 90, 1, 229 et la note.

référé. Chauveau (1) examine cette question et la résout dans le sens de la non-recevabilité par cette raison que les décisions en état de référé ne sont jamais que provisoires et réservent nécessairement le fond et il invoque à l'appui de cette doctrine un arrêt de la section civile du 31 juillet 1815 (2).

Les chambres civiles de la Cour de cassation paraissent avoir été quelque temps en désaccord sur cette question qu'il serait hors de propos de discuter ici puisqu'elle touche à la matière des voies de recours dont nous n'avons pas à nous occuper. Il suffit dès lors de la signaler, en faisant remarquer toutefois qu'il est un point sur lequel tout le monde paraît d'accord aujourd'hui, à savoir que le pourvoi en cette matière est toujours recevable lorsqu'il est fondé sur le moyen d'incompétence.

Restent quelques mots à dire sur le droit qui appartient au président en référé comme aux tribunaux ordinaires de prescrire toutes les mesures d'instruction qui peuvent lui paraître nécessaires pour découvrir la vérité, à condition que ces mesures n'aient pas un caractère interlocutoire. C'est ainsi qu'il est loisible au juge du référé de prescrire la comparution des parties, une audition de témoins, une communication de pièces, un transport sur les lieux, toutes mesures qui n'ont qu'un caractère essentiellement préparatoire et, si l'on peut ainsi parler, d'investigation. Mais nous ne saurions en dire autant de celle qui tendrait à ordonner un compte et surtout à déférer un serment, en dépit de l'autorité si haute de M. le président Debelleyme dont l'opinion d'ailleurs est restée isolée sur ce point comme sur bien d'autres. Faut-

(1) T. VI, 2276, 5°.
(2) Dalloz, *Rép.*, V° *Arbitrage*, n° 1197.

il ajouter que l'instance en référé aboutissant à une ordonnance qui est une décision de justice proprement dite, cette décision doit être motivée.

Telles sont les principales règles qui déterminent l'office du juge en matière de référé : office plus délicat peut-être que partout ailleurs, d'abord parce qu'il incombe à un juge unique auquel il appartient de statuer promptement sur des intérêts qui sont souvent, à Paris surtout, de la plus haute importance, et, en second lieu, parce que les limites de sa juridiction étant de leur nature vagues et incertaines sont plus exposées à être franchies.

Le Code de procédure a dû se borner à fournir ici quelques indications sommaires sans prétendre enseigner au juge la façon de les utiliser. Ceci est uniquement le secret de l'art, c'est-à-dire le résultat d'une expérience qui ne s'acquiert que par la pratique. Ce que nous disons de l'office du juge des référés doit d'ailleurs se généraliser et s'étendre à l'office du juge en général. C'est surtout pour le magistrat que Celse a donné sa célèbre définition du droit (1) ; mais cet art obéit comme tous les autres à quelques principes généraux et ce sont précisément ces principes que nous avons essayé de mettre en relief dans ce travail dont nous ne saurions nous dissimuler les imperfections et les lacunes. Pour peu que l'on y réfléchisse, en effet, on se persuade aisément que la question de l'*officium judicis* s'étend au droit tout entier et que cet office se diversifie à l'infini suivant l'innombrable variété des causes qui peuvent être soumises à un tribunal. Prétendre les passer toutes en revue serait tenter une œuvre impossible et il nous suf-

_____

(1) Jus est ars boni et æqui.

fit d'avoir montré la structure et pour ainsi parler le mécanisme de l'œuvre judiciaire. Les maîtres de l'art affirment qu'il n'en est pas de plus compliqué et dont le fonctionnement exige plus de prudence et de délicatesse. Celui de nos grands jurisconsultes qui l'a certainement le mieux observé et le mieux connu s'en est expliqué à maintes reprises dans ses écrits ou ses discours et nous ne saurions mieux faire que d'abriter, en terminant, notre tentative, sous l'autorité de sa grande parole : « Le travail des juges, disait-il dans une de ses harangues (1), est en un mot de rendre la justice ; mais parce que chacun croit connaître ce qui est juste, et qu'il est honnête et agréable de l'ordonner, la plupart ne trouvent rien de plus aisé que de faire l'*office du juge*, et on ne s'avise pas de penser que ce soit un travail que de se faire juge. Cependant il est vrai qu'il n'y a pas de travail dans la vie civile plus difficile que celui des juges, comme il n'y en a pas de plus important. »

(1) Domat, harangue prononcée aux assises de 1679, p. 209, code 1.

Vu :

Le Président de la thèse,

GLASSON.

Vu :

Le Doyen,

GARSONNET.

Vu et permis d'imprimer,

Le Vice-Recteur de l'Académie de Paris,

GRÉARD.

TABLE DES MATIÈRES

Imp. G. Saint-Aubin et Thevenot. — J. THEVENOT, successeur, St-Dizier (Hte-Marne).

www.ingramcontent.com/pod-product-compliance
Lightning Source LLC
Chambersburg PA
CBHW070501200326
41519CB00013B/2675